本书为教育部人文社会科学研究青年项目“西部农村留守儿童学校社会工作服务模式研究”（12YJC840063）、四川省教育厅课题“农村留守儿童学校社会工作服务模式研究——以四川省为例”（12SB179）的最终成果。感谢宜宾学院社会工作专业国家级综合改革项目、宜宾学院社会学重点学科项目、四川省农村社区治理研究中心的支持！

西部农村留守儿童

学校社会工作服务模式研究

XIBU NONGCUN LIUSHOU ERTONG
XUEXIAO SHEHUI GONGZUO FUWU MOSHI YANJIU

张义烈　陈世海　著

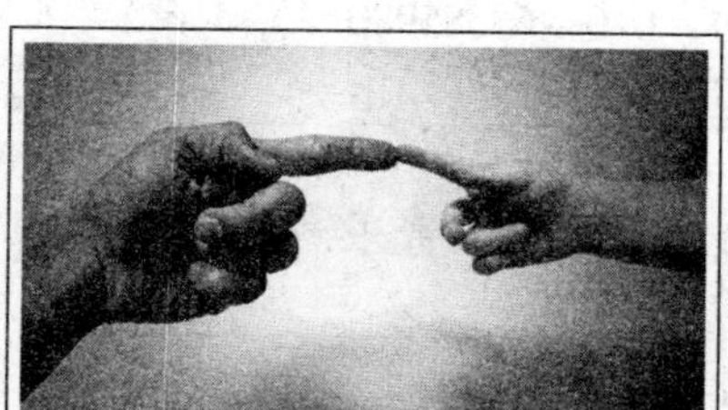

中国戏剧出版社

图书在版编目（CIP）数据

西部农村留守儿童学校社会工作服务模式研究 / 张义烈，陈世海著. —北京：中国戏剧出版社，2018.9

ISBN 978-7-104-04715-5

Ⅰ. ①西… Ⅱ. ①张… ②陈… Ⅲ. ①农村-儿童教育-学校教育-社会服务-研究-西北地区②农村-儿童教育-学校教育-社会服务-研究-西南地区 Ⅳ. ①G61

中国版本图书馆 CIP 数据核字（2018）第 207415 号

西部农村留守儿童学校社会工作服务模式研究

责任编辑： 赵成伟　肖　楠
责任印制： 冯志强

出版发行： 中国戏剧出版社
出 版 人： 樊国宾
社　　址： 北京市西城区天宁寺前街 2 号国家音乐产业基地 L 座
网　　址： www. theatrebook. cn
电　　话： 010-63381560（发行部）　010-63385980（总编室）
传　　真： 010-63383910（发行部）

读者服务： 010-63387810
邮购地址： 北京市西城区天宁寺前街 2 号国家音乐产业基地 L 座（100055）

印　　刷： 天津顾彩印刷有限公司
开　　本： 880mm×1230mm　1/32
印　　张： 7.5
字　　数： 154 千字
版　　次： 2018 年 9 月北京第 1 版第 1 次印刷
书　　号： ISBN 978-7-104-04715-5
定　　价： 48.00 元

目 录

第一章　留守儿童问题的学校社会工作视野

一、留守儿童的研究背景与学校社会工作的研究视角

自改革开放以来，随着我国工业化、现代化、城镇化进程的不断加快，农村剩余劳动力大规模向城市转移。由于受到身份、制度、经济等各方面条件的限制，很多农民在自己进城务工的同时无力解决孩子进城需要面对的诸如缺乏生活照料、高昂的借读费用、恶劣的住房条件等现实问题。于是，他们选择将孩子留在家乡并托付给其他人代为照看，最终形成了外出务工人员与子女分隔两地的局面，一个新的弱势群体——留守儿童——由此诞生。

据国家统计局发布的《2017 年农民工监测调查报告》显示[①]，2017 年农民工总量达到 28652 万人，比上年增加 481 万人，增长 1.7%，增速比上年提高 0.2 个百分点。在农民工总量中，外出农民工（在农村户籍所在乡镇地域以外从业 6 个月及以上的劳动者）17185 万人，比上年增加 251 万人，增长 1.5%，增速较上年提高 1.2 个百分点；本地农民工 11467 万人，

① 国家统计局：《2017 年农民工监测调查报告》，2018 年 4 月 27 日，http://www.stats.gov.cn/tjsj/zxfb/201804/t20180427_1596389.html。

比上年增加 230 万人，增长 2.0%，增速仍快于外出农民工增速。在外出农民工中，进城农民工 13710 万人，比上年增加 125 万人，增长 0.9%。在全部农民工中，男性占 65.6%，女性占 34.4%；未婚的占 19.8%，有配偶的占 77.8%，外出农民工中，有配偶的占 64.5%；农民工平均年龄为 39.7 岁，其中，40 岁及以下农民工所占比重为 52.4%；1980 年及以后出生的新生代农民工逐渐成为农民工主体，占全国农民工总量的 50.5%。

从西部地区来看，西部地区农民工 7814 万人，比上年增加 251 万人，增长 3.3%，占农民工总量的 27.3%；西部地区农民工人数增长明显快于其他地区，西部地区农民工增量占新增农民工的 52.2%；省内流动的农民工占 49.0%，跨省流动的农民工占 51.0%。

以上数据说明，第一，在我国当前劳动力红利趋于消失、人口总和生育率下降、新生劳动力供应不足、农民工平均年龄上升的宏观背景下，农民工总量依然保持持续增长，外出和本地农民工呈现双增长局势；第二，在农民工群体中，外出有配偶的、处于生育年龄或养育子女的 40 岁及以下农民工仍然是主力军；第三，西部地区农民工人数增长最快，增量占新增农民工一半以上，且一半以上是跨省流动。因此，西部地区农民工相比其他地区农民工更加难以承担家庭照顾和子女养育的责任。由此我们判断：因为西部地区农民工外出务工所直接产生的留守儿童群体，在当前以及今后相当长的一个时期内仍然会保持较大规模，其面临的生活、照料、教育和社会服务等问题仍然值得全社会关注。

据全国妇联2013年的统计数据报告显示，全国有农村留守儿童6102.55万，占全国儿童总数的21.88%，其中，农村留守儿童的比例达37.7%，且留守儿童高度集中在中西部劳务输出大省，四川、河南的农村留守儿童规模大，占全国农村留守儿童比例最高，分别达到11.34%和10.73%。另外，从农村留守儿童占全部农村儿童的比例来看，重庆、四川、安徽、江苏、江西和湖南的比例已超过50%，湖北、广西、广东、贵州的比例超过40%。可见，农村留守儿童数量庞大，且广泛分布于我国中西部省份①。

另据东北师范大学中国农村教育发展研究院在2017年全国12个省份的调研数据显示，我国在2012－2016年五年间农村留守儿童减少544.78万，截至2016年，全国农村共有义务教育阶段留守儿童1726.29万，其中，小学1190.07万，占小学在校生数的12.01%，初中有536.22万，占初中在校生数的12.39%②。因此，结合全国妇联的统计数据推算，当前我国农村留守儿童应不低于5557.77万，仍然是一个十分庞大的群体。即便按照《国务院关于加强农村留守儿童关爱保护工作的意见》对农村留守儿童的界定——父母双方外出务工或一方外出务工另一方无监护能力、不满16周岁的未成年人，民政部、教育部、公安部在全国范围内摸底排查于2016年11月公布的结果显示，全国符合认定条件的农村留守儿童共902万人，其中，超过90%分布

---

① 全国妇联课题组：《全国农村留守儿童、城乡流动儿童状况研究报告》，载《中国妇运》2013年第6期。

② 邬志辉：《中国农村教育发展报告》，载《中国教师报》，2017年12月27日第011版，第2页。

在中西部省份，家庭监护缺失问题比较突出，近32万由（外）祖父母或亲朋监护的农村留守儿童监护情况较差，少数农村留守儿童辍学或尚未登记户口①。

众所周知，儿童时期是身心发展的关键时期，个体的生理、认知和社会发展的许多最复杂的变化都发生在这一阶段，其发展的水平、速度、方向和个性的差异受到遗传因素、社会生活条件和教育的影响，而最重要的影响则是来自父母。由于父母（或其中一方）外出务工，留守在家的儿童在家庭社会化过程中存在阶段性的结构不完整，这本身就是家庭教育和儿童成长的一种缺陷。从儿童福利的视角看，中国和西方发达国家有很大差距。我国的传统福利体制不健全，尤其是儿童的社会政策、社会服务不完善，特别是在农村，个人生存、教育、发展权益得不到完全保障的儿童，是靠家庭和家族力量来解决的，在过于强调经济发展指标、社会政策和社会服务体系不健全的背景下，农村儿童可用的社会资源在农村空心化的趋势中越来越少。从地区均衡发展的角度看，农村外出务工劳动力通常来源于欠发达地区（特别是经济发展程度较低的西部地区），其留守在家的儿童的成长结果，会在一定程度上影响本地区的人力资源积累、家庭持续发展，进而影响欠发达地区的经济社会发展。所以，开展农村儿童、特别是农村留守儿童研究，推行社会服务，为留守儿童创造更好的成长环境，是非常重要的。

留守儿童同其他普通儿童一样，是一个身心处于快速发展

① 潘跃：《农村留守儿童902万》，载《人民日报》，2016年11月10日第011版，第1页。

状态的脆弱群体，针对留守儿童开展社会工作，需要在充分了解这种由脆弱相随的成长过程基础上，综合运用专业的价值理念、科学知识和方法，改善或者消除留守儿童的脆弱性，为留守儿童顺利成长提供有效保障。由于留守儿童父辈教育的缺失，隔代教育存在诸多问题，正规的学校教育体系亦无法单独针对留守儿童的特殊需求开展工作，因此，学校社会工作介入留守儿童服务可以作为学校辅导工作的一环，“协助学生与学校、家庭及社区之间建立良好的关系，以准备现在以及未来的生活”①，其目的在于通过与留守儿童家长、学校和社区的互动以建立良好的协作关系。学校社会工作是政府、社会各方面力量或私人经由专业社会工作者运用社会工作的理论、方法与技术，对正规或非正规教育体系中的学生，特别是处境困难学生，以及与学生相关的教师、家长、学校和社区提供的专业服务。学校社会工作的目的在于帮助学生或学校解决所遇到的问题，调整学校、家庭及社区之间的关系，发挥学生的潜能以及学校、家庭和社区的教育功能，以实现教育目的乃至若干社会目标②。本质上，社会工作是一种旨在为有需要人士提供福利的社会行动，对个人、群体和社区的帮助与服务是社会工作实践过程，同时也是社会福利的输送过程③。由此可见：第一，学校社会工作者可以通过联系农村社区、学校和家庭，开展农村留守儿童监护指导、心理疏导、行为矫治、社会融入和家庭关系调适等专业

---

① 林胜义：《学校社会工作》，台北：巨流图书公司，1998 年版，第 27 页。

② 田国秀：《社会工作实务（中级）》，北京：中国社会出版社，2015 年版，第 295 页。

③ 方舒：《论社会工作与社会管理的交互机理》，载《社会科学》2013 年第 5 期。

服务，这实际上也是针对国务院关于加强农村留守儿童关爱保护工作的一种响应；第二，社会工作所坚持的助人自助、以人为本等专业价值观，对于解决留守儿童问题、为留守儿童赋权增能是非常有效的，可以通过学校社会工作在解决留守儿童当前面临问题的同时提升其自身能力，以实现可持续的健康发展路径；第三，社会工作所使用的资源整合、关系协调、政策倡导等方法，对于调动资源、推动留守儿童关爱保护政策的完善以促进留守儿童的社会福利和学校社会工作服务供给，有着重要作用。因此，从学校社会工作的理论视角和行动策略开展西部农村留守儿童问题研究，值得尝试与探索。当然，开展西部农村留守儿童的学校社会工作服务，决不能仅仅停留在微观的实务层面，而应该在此基础上，倡导并构建包括农村留守儿童在内的弱势儿童群体相关社会政策与制度体系，使之固化成为从福利哲学到社会政策乃至具体学校社会工作服务的一整套体系。

二、留守儿童问题与学校社会工作研究回顾

伴随着城市化的发展，留守儿童——作为在社会夹层生存的特殊群体——随之产生，其生理、心理发展面临的困境，以及怎样解除困境，引起了社会各界的广泛关注与研究。学校社会工作是专业社会工作的一个重要领域，运用其方法和技巧介入留守儿童面临的诸多问题已得到多方尝试，无论是理论研究，还是实际操作，都有一定的突破。对这些探讨进行阶段性的总结与分析，对于引导学校社会工作介入留守儿童的实施方向、促进留守儿童问题的解决都具有重要的现实意义。

（一）留守儿童问题研究

1. 留守儿童面临的困境研究

（1）留守儿童的学习动力研究

目前已有不少研究表明，留守儿童的学习动力不足，成绩一般都不容乐观，绝大多数都处于中等偏下[①]。在留守儿童家庭，亲子长期分离，缺乏沟通，使得留守儿童在学习方面出现的困难和疑惑得不到及时有效的解决与疏导，造成许多留守儿童学习成绩差，缺乏上进心，问题越积越多，最后导致留守儿童出现厌学，学习障碍等，直至失学[②]。一项调查表明：在6～11周岁农村留守儿童中，有3.77%的人未按规定接受义务教育，其中，没有读完小学或者只读完小学就终止学业者占0.71%；在12～14周岁农村留守儿童中，2.55%的人未按规定接受义务教育，其中没有读完小学或者只读完小学就终止学业或初中辍学者占2%[③]。江苏技术师范学院的蔡澄、郜启扬、吴承红对江苏省江都市某初中“留守初中生”的调查显示：留守学生学习成绩好的只占7%，学习成绩一般以下和差的却占了72.4%，证明留守儿童的学习成绩与正常学生相比是有差距

① 李金涛：《农村“留守孩现象”亟待关注》，载《中国改革（农村版）》2003年第6期，第49－50页。

② 李娜、张林雨：《留守儿童的核心问题及其对策研究》，载《当代青年研究》2007年第11期，第88－92页。

③ 段成荣、杨舸：《我国农村留守儿童状况研究》，载《人口研究》2008年第5期，第15－25页。

的[①]。吴永胜和喻本云通过对四川某地区“留守孩子”的学习成绩调查发现，45%学习成绩较差，42%学习成绩中等偏下，10%的学习成绩较好，3%的学习成绩优秀，认为留守儿童的学习成绩在总体上处于中等偏下的水平。

（2）留守儿童的个性研究

留守儿童大多处于情感、性格的转折时期，与父母长期分离两地，极易形成内向、自卑、悲观、孤僻冷漠的性格[②]，加之与监护人在沟通交流上存在代沟，使得留守儿童缺乏足够的关注与指导，生活在无限制的状态下，助长了其自私任性、霸道蛮横、逆反心理重、以自我为中心等极端性格的心形成，“不听话”“不礼貌”“不谦虚”“恶作剧”等成为了他们的一贯形容词[③]。此外，一方面由于外出父母“管不够，舍不得管”，另一方面在家的监护人又“管不了，不敢管，不会管”[④]，加之学校在体现教育的公平性方面忽视了留守儿童的起点底、基础差、陋习多的问题，以形式的平等掩盖了事实的不平等，对留守儿童的教育没有进行“因材施教”和“有教无类”的统一，使“留守儿童”在性格方面的矫正艰难而漫长[⑤]。

---

① 蔡澄、郃启扬、吴承红：《农村留守初中生学业不良原因分析及教育对策》，载《江苏技术师范学院学报》2006年第5期，第42页。

② 张保：《农村中小学“留守儿童”学校教育问题的现状分析》，载《甘肃联合大学学报（自然科学版）》2008年第5期，第130－133页。

③ 刘先华：《留守儿童的心理健康问题与对策》，载《湖北广播电视大学学报》2010年第3期，第70页。

④ 王秋香：《强势与弱势的错位：农村“留守儿童”社会化问题分析》，载《社会主义新农村月刊》2007年第1期，第167－169页。

⑤ 张国举、王彬竹：《新农村建设中的留守儿童心理健康教育问题初探》，载《重庆教育学院学报》2006年第1期，第131－134页。

(3) 留守儿童的心理问题研究

留守儿童由于远离父母，缺少起码的与父母沟通交流的机会，而监护人又无暇顾及他们的情绪情感变化，在这种生存环境下，常常引发种种心理病症，如感情脆弱、自暴自弃、焦虑自闭、缺乏自信、悲观消极等①。亲情的需要，贯穿人的一生，尤其是青少年这一人生成长的重要时期，一旦失去感情交流，不能满足情感需要，人就会感到心理上的孤独和痛苦，从而转变为心理问题②。李宝峰的研究显示：留守儿童在 SCL－90 量表中的躯体化、强迫症状、人际关系敏感、抑郁、焦虑、敌对、恐怖、偏执、精神病性九个因子上的分值均高于全国常模，躯体化、人际关系敏感、抑郁、敌对四个因子已达到显著性差异水平，表明留守儿童的心理健康状况较差③。张保认为，留守儿童由于缺乏及时有效的约束管教，纪律散漫，存在行为偏差，在学校表现为：道德品行较差，不遵守规章制度，常有迟到、旷课、逃学，说谎打架，欺负同学等行为，有的迷恋网吧、游戏厅，甚至与社会上一些有不良习气的成人混在一起④。

(4) 留守儿童的处世态度研究

张保认为，由于父母常年在外，心理背负着巨大的负疚感，

---

① 张保：《农村中小学“留守儿童”学校教育问题的现状分析》，载《甘肃联合大学学报（自然科学版）》2008 年第 5 期，第 130－133 页。

② 李娜、张林雨：《留守儿童的核心问题及其对策研究》，载《当代青年研究》2007 年第 11 期，第 88－92 页。

③ 李宝峰：《农村“留守子女”的心理健康问题及其干预》，载《教育探索》2005 年第 5 期，第 82－83 页。

④ 张保：《农村中小学“留守儿童”学校教育问题的现状分析》，载《甘肃联合大学学报（自然科学版）》2008 年第 5 期，第 130－133 页。

于是对留守儿童采取“物质+放任”的方式进行补偿，零花钱增多，自由度提高，无形中使留守儿童形成功利主义价值观和享乐主义价值观，养成好逸恶劳、奢侈浪费、乱花钱、摆阔气的陋习①，伴随着经常出入网吧、游戏厅，结伙打架斗殴，违反校纪班规，留守儿童心理极易形成难以承受的负担，并很容易受到社会不良分子的误导，走上偷盗、抢劫的犯罪道路，给社会治安带来问题②。此外，由于学校在对留守儿童的思想教育方面的滞后和教育方式的单一、枯燥，使留守儿童很难正确的看待自己目前的状况和社会上打工所衍生的一系列颇具诱惑性的东西，并产生厌学情绪，认为读书无用，自己父母也没读什么书，同样天南地北挣钱，部分学生开始把人生发展方向定位为打工挣钱，热衷于吃喝玩乐，缺乏进取心和刻苦钻研精神，得过且过，不求上进③。

2. 父母外出务工对留守儿童的影响研究

国外的研究表明，留守儿童与父母长期分离，会感到孤独、愤怒、悲伤、躯体化反应，影响其身心发育，也增加了劳动或家务量，对学习造成负面影响④。许多学者利用新劳动力迁移经

---

① 张保：《农村中小学“留守儿童”学校教育问题的现状分析》，载《甘肃联合大学学报（自然科学版）》2008年第5期，第130－133页。

② 咸大伟：《农村留守儿童存在的问题及教育对策》，载《现代教育研究》2009年第5期，第50－51页。

③ 刘屹、唐绍洪：《对“留守儿童”亲情教育缺失的理性思考》，载《社会科学家》2006年第11期，第150－153页。

④ Amuedo D, Catalina and Pozo, S. (2006) International Migration, Remittances and the Education of Children: The Dominican Case [D]. Working Paper, Department of Economics. pp. 72－89. Western Michigan University.

济学理论研究国际移民对留守子女教育的影响，发现移民汇款能使留守国内的子女获得更多受教育机会，显著降低辍学率，改善生活与健康状况[①]。随父母一同移民去国外的儿童在忠诚品质的养成、自我同一性发展、自律性和权威性等方面表现更好[②]。国内研究也证实了上述结论[③]。

丁继红，徐宁吟通过分析中国营养与健康调查（CHNS）1997—2011年六轮家庭数据发现，父母外出务工会对留守儿童的健康和受教育情况产生较大的负面影响[④]；侯玉娜则认为，父母外出务工可以改善家庭经济状况，对留守子女认知层面的学业成绩有提升作用，但对非认知层面的健康心理、行为发展却会产生较严重的、隐性的失调问题[⑤]。

3. 留守儿童问题的解决机制研究

在家庭监护方面，王秋香强调父母应以留守儿童的利益优先，实在无法将留守儿童带到身边，应合理选择临时监护人，增加联系频率，强化联系纽带[⑥]；学校教育方面，王丽君认为，应加大学校对留守儿童的关爱力度，动员留守儿童父母将无法

---

① Bryant, J. (2005). Children of international migrants in Indonesia, Thailand and the Philippines: A review of evidence and policies. Innocenti Working Paper.

② Pottinger, A. M., Stair, A. G., Brown, S. W. (2008). A Counseling Framework for Caribbean Children and Families Who Have Experienced Migratory Separation and Reunion. International Journal for the Advancement of Counseling, Vol. 30 (3), pp. 21－27.

③ 叶敬忠等：《关注留守儿童》，北京：社会科学文献出版社，2005年版。

④ 丁继红、徐宁吟：《父母外出务工对留守儿童健康与教育的影响》，载《人口研究》2018年第1期，第76－89页。

⑤ 侯玉娜：《父母外出务工对农村留守儿童发展的影响：基于倾向得分匹配方法的实证分析》，载《教育与经济》2015年第1期，第59－65页。

⑥ 王秋香、欧阳晨：《论父母监护缺位与农村留守儿童权益保障问题》，载《学术论坛》2006年第10期，第137－140页。

有效监护的留守儿童转入"零寄宿费"学校①，陆士桢，卢德平认为，应建立学校与留守儿童父母之间制度化的家访沟通机制和推广同伴教育方式②，李正平，王朝勋主张班主任定期召开教师联席会，实行共同帮教③；社会保护方面，岳天明，原明明认为，除政府投资外，大众媒体、社会福利事业和农村社区内部都应多加关注农村留守儿童问题，动员全社会力量，给予物质和精神上关爱，使留守儿童能感受到社会的温暖，从而形成良好的价值观和人生观④。美国学者针对移民家庭的子女提出的建议和干预方法也值得借鉴，如团体咨询与治疗方法、儿童书籍荐读、父母教育课程和"代理妈妈"的生活照料等⑤。重庆、南京、宁波、枣庄等地的"代理家长制"实践模式，是留守儿童社会监护的一种有益尝试。

（二）学校社会工作研究

1. 制度起源与发展水平研究

学校社会工作最早可追溯到20世纪初的美国，始于对贫困移民学生的关注。时至今日，各国学校社会工作发展水平各异：

---

① 王丽君：《构建留守儿童教育管理新格局》，载《中国人口报》，2018年5月25日，第003版。

② 陆士桢、卢德平：《"留守儿童"面临的问题与挑战》，载《中国教育报》，2005年8月1日，第003版。

③ 李正平、王朝勋：《班主任在留守学生监护网中做什么》，载《四川教育学院学报》2006年第10期，第75－76页。

④ 岳天明、原明明：《农村留守儿童社会化及其对策研究》，载《西北人口》2008年第2期，第78－82页。

⑤ Tully, L.（2007）. Early intervention strategies for children and young people 8 to 14 years. Research report: NSW Department of Community Services.

瑞典的学校社工占总人口的万分之一点六，加拿大为万分之零点四，德国的某些州达到万分之五，香港地区在2000年就已经全面实现了“一校一社工”制度①。

我国大陆的学校社会工作发展起始于20世纪90年代。1997年，香港世界宣明会与中国青年政治学院社会工作与管理系合作开展“北京市打工子弟学校教育援助项目”，尝试使用学校社会工作服务技巧与方法帮助打工子弟健康成长②。2002年上海浦东新区开始尝试“一校一社工”制度，2007年深圳开始进行包括学校社会工作在内的社会工作试点。2008年9月—2011年1月，中国青少年发展基金会、中国社会工作教育协会、凯瑟特基金会联合发起实施“四川抗震希望学校社工志愿服务项目”。经过二年半的项目实践，2011年1月20日，四川广元市利州区希望社工服务中心成立，标志志愿服务项目结束，专业机构派驻实习社工参与驻校服务阶段开始，西部地区首次开始尝试探索学校社会工作服务模式。“希望学校社会工作服务”主要尝试从三个层面探索建构学校社会工作服务体系：一是校内模式，实行“1+2+3”模式，即一个督导，二个专业社工，三个本土教师，从现有教师、学校相关部门中培养社会工作专（兼）职人员，在职学习，尽快获得社会工作任职资格；二是校外模式，即由校外专业机构提供专门化的社会工作人员，学校以购买服务的方式聘用，可针对不同阶段的不同需要选择不同背景的专

---

① 管向梅：《香港学校社会工作制度及其启示》，载《社会》2004年第4期，第47－49页。

② 刘小平：《打工子弟学校社会工作的实践与反思》，载《社会工作》2009年第9期（下），第38页。

职社会工作者；三是过渡模式，即暂时由相关老师兼任，与学校德育、学校思想教育工作有机结合，由现有编制中的老师承担，解燃眉之急。在此基础上，“希望学校社会工作服务”立足学校，探索多元理论与实务模式结合的整合型服务模式，并将其辐射社区，搭建社区工作平台，创新学校—社区模式①。当前，我国大陆，尤其是西部地区尚处在探索、试点阶段，并没有全面实施“一校一社工”制度。

2. 学校社会工作者的角色研究

早期的学校社会工作者充当“就学管理员”和“访问教师”的角色②，后又被称之为学生援助计划员（student assistance programmers），他们应该同时兼备预防计划专家、危机管理者、评价专家、转介员（referral agents）和案例管理者等角色③，主要任务是提高就学率、咨询、与家庭联络、和教师磋商、预防、干预、为学生寻求支持等，同时需要密切观察干扰学生学校活动的行为、情绪、家庭和社区问题④。李晓凤认为，学校社会工作者的角色是由其在学校和社区连接中的作用所决定的，主要扮演关系的疏通者、资源的整合者、变革的推动者

---

① 内容来自于南京理工大学张曙教授的2011年发言稿《学校社会工作模式构建及服务的有效推进》，特此致谢。

② 闫广芬、苌庆辉：《美国学校社会工作体系架构及其启示》，载《外国教育研究》2008年第4期，第86-91页。

③ Franklin，C.（2000）. The delivery of school social work services. in Allen - Meares，P.，Washington，R. O.，& Welsh，B. L.（eds.）. School social services in schools.（pp. 273 - 294）. MA：Allyn & Bacon.

④ Johnson，J.（1991）. The non - fault school：Understanding groups，understanding schools. in R. T. Conatable，J. P.，Flynn，& S. MeDonnald（eds.）. Social social work：Practice and research perspective. p. 190. Chicago：Lyceum.

和变迁的使能者四种角色[①]。学校社会工作作为一种制度安排，除了能在一定程度上替代农村留守儿童缺失的父母角色外，更重要的是学校社工将会承担起服务传递者、资源动员者、教育者、倡导者与促进者的角色，是沟通学校、社区、外出务工的父母与农村儿童之间桥梁[②]。学校社会工作者并不承担日常教学任务，承担的只是学校、家庭、社区之间的各种资源、矛盾的沟通协调任务。[③]

3. 国外学校社会工作实务模式研究

目前国内尚无成熟的学校社会工作模式。就国外而言，美国的学校社会工作模式较为完备和成熟。约翰·埃尔德森（John Alderson）将美国早期的传统模式主要主要分为传统临床模式（the traditional clinical model）、学校变迁模式（the school change model）、社区学校模式（the school community model）和社会互动模式（the social interaction model）四种[④]。传统临床模式主要针对个别学生（主要是“问题学生”）提供临床/治疗服务，其侧重点在于“学校－家庭”的关系；学校变迁模式旨在促进学校功能紊乱的条件作出必要改变，进而解决学生困扰的一种实务工作模式，其侧重点在于“学生－学校”的关系；社

① 李晓凤：《学校社会工作》，中国社会出版社，2010年版，第131－132页。

② 崔效辉、郭安：《农村留守儿童现状及引入社会工作方法的必要性——基于两所小学的对比研究》，载《南京人口管理干部学院学报》2011年第4期，第74－80页。

③ 崔效辉、晏凤鸣：《论农村留守儿童成长中的社工介入》，载《社会工作》2009年第12期，第4－8页。

④ Alderson, J. (1972). Models of school social work practice. In R. C. Sarri & F. F. Maple (Eds.). The school in the community. (pp. 57 – 74). Washington, D. C.: NASW.

区学校模式是为了回应社区学校有关青少年犯罪、辍学者、中途被退学者、失业青年及处于不利地位人群等问题，其发展重点在于将社区关心学童的工作引入学校，强调“学校—社区”的互动；社会互动模式则在生态系统理论的视角下，关心案主个人及其周围各种团体或势力的交互影响，重视“学生—学校—家庭—社区”的联结与互动，从而有效帮助有困扰的学生。四种实务模式的重点都在于处理学生及其父母的社会障碍与情感困扰，主要通过个案工作，辅之于小组工作方法来帮助学生及其家庭成员①。

除了约翰·埃尔德森（John Alderson）的四种早期传统实务模式之外，莱拉·柯斯汀（Lela Costin）发展出学校 - 社区 - 学生关系模式（School-community-pupil relations model）②，该模式关注的重点在于学生、学校与社区以及三者间的互动，修改完善不利的学校制度与政策安排，注重学生的群体环境而不是小组个体成员的个性发展。

当前美国较为流行的工作模式是干预—回应模式（Response to intervention，简称 RTI），它原本是美国教育领域评估学生学业及行为的一种教育模式，后被拓展应用到学校社会工作领域。该模式主要检验学校社工服务（干预）和学生表现（对干预的反应）的互动实践，通过评估的数据为下一步的服务提供依据。

① Raines，J. C.（2008）. Evidence – based practice in school mental health. New York：Oxford University Press.

② Franklin，C.（2000）. The delivery of school social work services. in Allen-Meares，P.，Washington，R. O.，& Welsh，B. L.（eds.）. School social services in schools.（pp. 273 – 294）. MA：Allyn & Bacon.

学校社会工作者通过问题筛查（problems screening）、循证干预（evidence-based interventions）、过程监测（progress monitoring）等手段，从项目设计到评估干预为个体学生提供高品质服务和专业知识，并持续将案主服务与社区组织同支持案主学业、情感、行为和社会交往发展的学校、家庭联系起来，进而促进学生的发展①。

4. 服务对象的界定研究

在国外，学校社会工作的服务对象主要有逃学生、无家可归的青少年、酗酒和吸毒未成年人、校园暴力受害者、残疾儿童、受虐待儿童、未成年妈妈等有偏差行为的青少年②，学校社会工作的开展主要是为了解决这些人所产生的社会问题。国内学校社会工作的服务对象主要有偏差行为青少年、留守儿童、灾区青少年等。李晓凤、佘双好认为，学校社会工作可以介入青少年的早恋、逃学、离家出走、中途辍学、吸烟、酗酒、偷窃、自卑、冷漠、孤独、烦恼，甚至自杀等偏差行为③；王章华、戴利朝认为，社会工作对于解决留守儿童自身的教育问题具有促进作用④；四川广元市利州区希望社工服务中心成立之初

① Laffin, Kathy. Response to Intervention: Components, examples, steps to Implementation. Presentation, Wisconsin School Social Workers Association Annual Conference. Green Lake, WI. (October 27, 2006).

② Lizbeth S. (2010). Developments in school social work from 1950 - 2000: an historical analysis (Master Dissertation, California State University, Fullerton, 2010), pp. 46 - 47.

③ 李晓凤、佘双好：《青少年偏差行为研究——兼论学校社会工作辅导的介入空间》，载《当代青年研究》2004年第3期，第22-25页。

④ 王章华、戴利朝：《农村留守儿童教育问题与社会工作介入》，载《河北师范大学学报（教育科学版）》2009年第7期，第125-129页。

主要是针对灾区青少年开展学校社会工作服务；李晓凤将学校社会工作的服务对象定位于具有厌学逃学行为、身心障碍与学习成绩低下、越轨与犯罪行为、吸烟和药物滥用、网络成瘾、不良家庭或转学的在校学生①。

（三）学校社会工作介入留守儿童问题的相关研究

1. 介入的必要性研究

（1）专业性质决定了学校社会工作有必要介入留守儿童问题

王章华和戴利朝认为学校社会工作是社会工作的一个重要领域，而社会工作是随着社会问题的产生而形成的，留守儿童教育问题作为受到普遍关注的社会问题，理应成为社会工作的重要领域。留守儿童的学习问题、心理健康问题、道德问题、安全问题等教育问题是儿童社会工作、青少年社会工作、家庭社会工作和学校社会工作的重要领域②。此外，社会工作的定义指出社会工作是指社会工作者运用专业知识与方法帮助社会上处于不利地位的个人、群体和社区，克服困难、解决问题并预防问题的发生，恢复、改善和发展其功能，以适应和进行正常的社会生活的服务活动③，而留守儿童是社会转型衍生出的一个新弱势儿童群体，承受了过多城市化的重负，为城市化进程做出巨大的牺牲④。

---

① 李晓凤：《学校社会工作》，中国社会出版社，2010 年版，第 161 – 336 页。

② 王章华、戴利朝：《农村留守儿童教育问题与社会工作介入》，载《河北师范大学学报（教育科学版）》2009 年第 7 期，第 125 – 129 页。

③ 李迎生：《社会工作概论》，北京：中国人民大学出版社，2004 年版。

④ 贾云：《从社会建构主义视角反思农村留守儿童研究》，载《理论界》2010 年第 10 期，第 192 – 193 页。

（2）专业功能决定了学校社会工作有必要介入留守儿童问题

社会工作第一功能是助人和维护社会秩序，具体有复原的功能、提供和配置资源的功能、预防的功能、发展的功能、稳定社会的功能等五种功能，其中复原、预防和稳定的功能是社会工作最基本的功能[①]。学校社会工作是运用社会工作的基本理论、原则和方法，致力于改善学校的学习环境和生活条件，在坚持“助人自助”的专业理念的前提下，帮助常年和父母分离两地的留守学生提高适应学习和生活的能力，以克服他们成长中的困难，让他们和非留守学生一样健康、快乐的生活、学习，并实现个人社会化的学校教学的目标[②]。因此，学校社会工作可以通过这些功能和理论，并在充分肯定留守儿童价值，公平、平等的对待和看待的前提下，为留守儿童问题的解决获得更多的资源，并创造更科学、更理想的解决方案，以此促进留守儿童问题的解决[③]。

（3）专业方法决定了学校社会工作有必要介入留守儿童问题

从大方面来讲，个案工作、小组工作、社区工作、社会行政、政策分析和福利制度分析等均属于社会工作的方法，但这些都仅仅是一个方向[④]，而学校社会工作作为社会工作的一个重要领域，其借助的不仅仅是这些表面上的方向方法，更看重的是社会工作给予他的诸如沟通交流技巧、澄清自我、案主自觉

① 李迎生：《社会工作概论》，北京：中国人民大学出版社，2004 年版。

② 文军：《学校社会工作论略》，载《社会工作》2003 年第 1 期，第 27－29 页。

③ 王章华、戴利朝：《农村留守儿童教育问题与社会工作介入》，载《河北师范大学学报（教育科学版）》2009 年第 7 期，第 125－129 页。

④ 李迎生：《社会工作概论》，北京：中国人民大学出版社，2004 年版。

等专业的、具体的技巧，希望能通过方向性的方法加具体的技巧为留守儿童提供服务，帮助留守儿童解决生活中、学习中遇到的困难①。学校社会工作不是在学校体制内，而是在学校体制外；不是在教学活动中，而是在教学活动外；不是采取班级教学的方式，而是采用个案和小组解决问题的方式进行，更不同于生活化的家庭教育，这种独特的专业特征与方法使学校社会工作更易于亲近于留守儿童之间，更能够得到他们的信任，从而更能够对留守儿童问题的解决发挥有效的作用，以至于留守儿童能够早日有个快乐、健康的童年②。

2. 学校社会工作介入留守儿童问题的模式研究

(1)“学校—家庭—社会”模式

根据李晓凤和佘双好对青少年偏差行为的研究，学校社会工作介入留守儿童应采取必要的预防措施，首先是家庭预防：创造良好的家庭氛围，采取正确的家庭教育方法；其次是学校预防：加强素质教育、法制教育和校纪校规教育；再者是社会预防：政府部门的行政和司法预防、新闻出版和文化娱乐机构的预防、社会各界的关心和预防，对留守儿童的生活环境进行“综合治理”③。将学校特殊的管理和老师更多的关爱、父母的经常性沟通交流、社会鼓励对农民工集中办学和降低农民工子女入学的“门槛”等优惠政策相结合，充分利用资源，以促进留

① 王章华、戴利朝：《农村留守儿童教育问题与社会工作介入》，载《河北师范大学学报（教育科学版）》2009 年第 7 期，第 125－129 页。

② 文军：《学校社会工作论略》，载《社会工作》2003 年第 1 期，第 27－29 页。

③ 李晓凤、佘双好：《青少年偏差行为研究——兼论学校社会工作辅导的介入空间》，载《当代青年研究》2004 年第 3 期，第 22－25 页。

守儿童健康成长[①]。学校设立“知心老师”信箱、创建“谈心室”、开办“学会坚强”的心理辅导讲座，再提高父母认识，建立父母对孩子精神和物质的双重负责制，并利用税费改革、农民减负、农村九年义务教育学费减免、农田财政补贴等优惠政策，尽可能的创造条件让父母与子女共同生活[②]。促进学校开设符合青少年身心发展规律的心理课程，并根据实际情况为留守学生建立心理档案，组建留守儿童朋辈辅导小组，有选择的将留守儿童的成长情况及时向监护人、家长、社会汇报，形成“学校—家庭—社会”共同教育的模式[③]。

（2）“学生—学校—家庭—社区”模式

“学生—学校—家庭—社区”模式是指在以均衡教育、学习者为本、生活即教育为教育理念，经验学习、体验学习、认知学习为理论指导，发展性、个性化、参与式为原则，以学校、家庭、社区为平台，动员教师、父母、朋辈力量共同作用于留守儿童，共同开展关于生命知识、价值的学习活动，促进留守儿童不同经验的碰撞与分享，在互动中共同收获、共同成长[④]。该模式主要根据生态学、系统学的观点，特别注重影响学生的所有系统，认为干预应该聚焦于使学校、家庭、邻里和社区对

---

① 李金涛：《农村“留守孩现象”亟待关注》，载《中国改革（农村版）》2003年第6期，第49－50页。

② 李娜、张林雨：《留守儿童的核心问题及其对策研究》，载《当代青年研究》2007年第11期，第88－92页。

③ 刘先华：《留守儿童的心理健康问题与对策》，载《湖北广播电视大学学报》2010年第3期，第70页。

④ 许莉娅：《“3加1行动”：青少年生命教育多元整合教育（服务）模式构想——学校社会工作视角》，载《青少年研究》2007年第2期，第17－20页。

学生的发展需求负责，并且减少这些环境中危险因素的影响，不应该局限于诊断和治疗的理论，而应该包括优势视角、案主赋权以及批评性的社会工作理论①。

（3）“直接+间接”模式

由于在解决留守儿童问题的过程中，社会工作者既是直接服务的提供者，也是案主的支持者、倡导者、管理者，还是资源协调者和政策的影响者。因此，王章华和戴利朝认为学校社会工作在解决留守儿童问题时，应该直接与间接双管齐下。一方面，针对留守儿童自身存在的问题进行个体的心理治疗、家庭治疗、小组治疗、危机干预等直接介入方式；另一方面，对父母、教师、学校、社区等影响留守儿童的社会支持体系进行间接介入，将改正留守儿童自身不良习惯与改善生活、学习等环境相结合，从而达到为留守儿童服务的目标②。谢文媛认为，面对留守儿童的问题，首先应该运用个案工作的方法，以留守儿童自身为着手点，采用直接的、面对面的沟通与交流，利用有关人际关系和个人发展的各种科学知识和专业技术，以增强其适应社会生活的能力；其次，运用小组工作的方法，通过成员的支持，改善留守儿童的态度、人际关系和应付实际生存环境的能力；再者是社区工作的方法，尽可能的获得政府和社会的支持，充分利用各种途径获得的资源，以学校或者某一特定

① 李晓凤、佘双好：《青少年偏差行为研究——兼论学校社会工作辅导的介入空间》，载《当代青年研究》2004年第3期，第22－25页。

② 王章华、戴利朝：《农村留守儿童教育问题与社会工作介入》，载《河北师范大学学报（教育科学版）》2009年第7期，第125－129页。

区域为范围开展活动[①]。

三、研究简评

留守儿童是随着我国工业化、城市化发展脚步的加快，地区发展不均衡，大量农村人口为获得更多就业机会、更好就业环境和更高经济收入不断外出务工而随之产生的。学校社会工作是社会工作的一个重要领域，伴随着社会问题的产生而出现，学校社会工作介入留守儿童问题是学校社会工作的职责所在、功能所在、方法所在。根据以上对有关留守儿童、学校社会工作、学校社会工作介入留守儿童的相关文献进行综合分析，发现很多研究虽揭示和解释了留守儿童的生活、学习、心理等相关问题，但大多仅局限于描述现状，从历史发展的眼光、优势视角的态度来看待留守儿童，并提出科学的、可行的解决方案的较少。在研究过程中，很多研究者喜欢把留守儿童与非留守儿童完全的隔离来看，没有注意到其实留守儿童与非留守儿童之间是存在共性的，平等的、公平的看待留守儿童更有助于解决留守儿童问题。

当前，国内外学术界从不同学科角度对留守儿童问题与学校社会工作服务开展了研究，成果数量不断攀升，研究视角呈多元化。整体而言，在研究方法上，以理论分析为主，实证研究相对较少，特别是通过实务操作进行的研究更少；在理论依据上，多数学者是从教育学、心理学、社会学的角度入手，跨

---

① 谢文媛：《浅析留守儿童的专业社会工作介入》，载《社会工作》2008 年第 11 期（下），第 56 – 59 页。

学科的研究较少；在对策建议方面，宏观、笼统性对策较多，可操作性、系统性对策较少；从研究结论来看，研究中负面结论比较普遍，学者的研究与社会各界的过度关注，有可能会夸大留守儿童自身问题的严重性，而忽视其面临的外界困境。综合来看，留守儿童的教育问题、心理健康问题、解决对策，创新型服务模式、实施路径是该领域今后研究的趋势，新视角、新方法、新学科（尤其是交叉学科）在该领域的运用将会逐步加强。

虽然近些年对留守儿童的研究已经取得不少丰硕的成果，但在留守儿童社会工作服务研究方面仍然存在着以下不足，具体表现为：对留守儿童学校社会工作服务的实践研究不足，理论研究和实务探索相对偏少，尚有很大的提升空间；在服务方法上，研究大多为单一工作方法的呈现和展示，而综合性、通用的社会工作模式未成型；学校社会工作服务介入视角仍大部分集中在留守儿童的“问题”，而忽视了他们的“需求”和“优势”；在探讨为留守儿童提供学校社会工作服务时，多数是从服务理念、技巧等层面开展，少有从服务总体框架、体系构建的角度来展开。

作为一种新兴的介入留守儿童问题的方法，学校社会工作通过运用社会工作的基本理论和原则，借助其个案工作、小组工作、社区工作三大方法，创建自己独到的、特有的介入留守儿童、解决留守儿童问题的服务模式，致力于改善学校学习环境和条件，以及与常年在外务工的父母的关系，帮助留守儿童提高适应学习和生活的能力，以克服其成长过程中的困难，实现个人社会化和学校教育的目标。其可行性已得到很多学者的认同和支持，并且从诸多地区或学校的实践来讲，也是非常成功。因此，学校社会工作介入留守儿童的模式建构与实务探索是解决我国留守儿童问题必不可少的一种辅助策略，也是我国社会工作发展的大势所趋。

留守儿童是社会治理创新中急切需要社会工作服务介入的弱势群体，社会工作作为社会的润滑剂有责任在实现个人潜能、维护社会稳定、促进社会发展目标的指引下，构建一个以留守儿童需求为本的社会工作综合服务体系，为留守儿童搭建一个良好社会环境，促进留守儿童健康成长。基于以上认识，课题组将以我国西部地区留守儿童为对象，开展调查研究，总体上反映我国西部留守儿童的生活状况；同时，通过实务操作、实证调查，探讨适合我国西部地区实际情况的留守儿童学校社会工作服务模式，通过实地考察的方式探索服务成效，并在模式构建及运行等方面提出系统的、操作性强的对策，符合该领域研究趋势，弥补了现有研究的部分不足。在此基础上，课题组将开展留守儿童学校社会工作专业服务的行动研究，从留守儿童、外出务工的父母、照料者、同伴、老师、社区等角度探索契合西部留守儿童需求的学校社会工作综合服务体系。

第二章　研究内容、方法与基本概念

我国农村留守儿童问题产生于改革开放以来社会转型背景下的城乡二元经济社会结构：区域经济发展的差异、就业政策的放松，使得农村剩余劳动力有需要也有条件进入城市务工，以赚取高于农村收入水平的报酬；而农民工在城市的生活条件限制、市民化的门槛、子女就学的障碍以及医疗、社保等各方面的不利因素，导致大量农民工不得已将子女留在农村。留守儿童这个群体的规模庞大，其面临的生活、安全、教育、亲情缺失、资源匮乏等方面的困境一直以来都受到了学术领域的关注，也产生了大量的研究成果。正如谭深所指出的，“留守儿童问题不单纯是留守所带来的问题，而是与更广泛、更深层的社会问题关联在一起，不可能通过一揽子行政措施和零散的项目解决。它是一个既紧迫又持久的问题，因此，对于政府、社会组织和每一个关注者来说，都任重而道远。”① 所以，开展留守儿童研究、探讨解决留守儿童问题的对策，需要从一个系统化、层次化的视角来进行。

① 谭深：《中国农村留守儿童研究述评》，载《中国社会科学》2011 年第 1 期。

一、课题研究的内容体系

从总体上说，本课题是从学校社会工作的角度，探讨西部农村留守儿童学校社会工作服务模式。为了探索这一服务体系，本课题将从以下几个方面开展研究：

第一，西部留守儿童的需求及其满足情况。需求评估是制定学校社会工作服务对策体系、开展学校社会工作服务的前提。课题组通过问卷数据的统计和访谈信息的呈现，反映西部农村留守儿童在年龄、性别、民族、文化程度、家庭生活状况、居住方式、生活照料和教育状况、亲子关系状况、学校和学习情况，以及与外出务工父母的日常交流等基本方面的大致情况。这部分的研究考察的是农村留守儿童最直接的生活环境，可以认定为留守儿童的微观需求；此外，政府和社会针对农村留守儿童所提供的政策性、扶持性支持，可以通过社会政策和社会服务的行动分析予以探讨，以呈现农村留守儿童宏观社会福利和中观社会服务的现状。以上两个方面的分析综合在一起，可以粗略绘制留守儿童社会需求及其所享受到的社会福利、社会服务的“现状图”，为后续研究奠定基础。

第二，怎样看待留守儿童。面对西部留守儿童的需求及社会服务情况，怎样从整体上而不是基于个别化的视角看待留守儿童，是开展对策性研究的起点。本课题探讨的是西部农村留守儿童学校社会工作服务模式，属于具体的对策化研究，所以，首先应该对留守儿童有一个基本的认识。围绕这个方面，本课题通过对农村留守儿童的“问题标签”状况进行调查，分析其被“标签化”的原因与影响，并讨论“去标签化”的对策及建议。与此同时，课题组将结合儿童、留守儿童的价值、通过哲学、社会福利学的视角，分析应该怎样认识儿童，从而为留守儿童的社会福利政策、社会服务政策制定提供理论依据。

第三，西部留守儿童社会工作的行动研究。在探讨西部留守儿童社会工作综合服务体系的基础上，针对留守儿童的现实需求，开展具体的社会工作服务，并在服务行动中不断总结提升服务方法，形成解决留守儿童具体问题的社会工作有效路径。本部分的研究将结合课题组具体实施的留守儿童社会工作服务项目来开展介绍：一是于2012—2013年实施的中央财政资助“农村留守儿童社会工作服务项目”，在该项目中，课题组甄选了六所留守儿童非常集中的农村小学及当地农村社区，开展了从筹备、选点、服务实施、反思总结共计约一年的服务。在服务过程中，课题组充分运用行动研究的理念，针对留守儿童亲情缺失、人际交往能力不足等问题，不断开展直接社会工作服务，并在持续总结反思的基础上改进服务方法，形成了经过实践检验的、可以有效解决留守儿童问题的社会工作实务方法；二是于2013—2014年实施的、由四川省民政厅资助的“三留守人员社区工作服务项目”，对四川省YB县MJ社区的留守老人、留守妇女和留守儿童开展了为期一年的服务，课题组将结合留守儿童服务部分，介绍通过社区层面开展留守儿童服务的可行方法。本部分的研究是以专业社会工作机构的身份，介入农村中小学校和农村社区，形成西部留守儿童学校社会工作综合服务体系研究中的行动探索部分，着重从实践层面为“理想型”

农村留守儿童社会工作综合服务体系提供实务基础。

第四，西部农村留守儿童学校社会工作综合服务体系。在明确了西部留守儿童社会需求、满足情况，以及如何看待这个群体之后，可以结合当前我国对于留守儿童所制定的关爱、扶助政策，从政府有关社会发展政策、教育政策、人力资源培训政策等宏观层面，从学校社会工作和社会组织服务等中观层面，从留守儿童个体、同伴群体、在外务工的父母、监护人、农村社区营造等微观层面，探讨构建"理想型"的学校社会工作综合服务体系，以便促进西部农村留守儿童问题的解决，同时为其他地区解决农村留守儿童问题提供参考。

课题组期望通过以上四个方面内容的研究，回答这样几个基本问题：西部留守儿童是怎样的一个群体？我们该如何看待这个群体？他们在自身的社会生态环境中面临哪些问题？当前的社会设置中为留守儿童提供了怎样的服务体系，这个体系存在什么问题？在当前的社会现实中，可以通过怎样的变革来改进并形成西部农村留守儿童学校社会工作综合服务体系？在这个体系中，可以为西部留守儿童提供哪些微观的服务，以便形成有效的服务方法？对这些问题的回答，也就是本课题的研究结论。

二、本课题的主要研究方法

当前，学术领域针对留守儿童研究的方法主要是实证调查，主要工具是问卷测量和深度访谈。应该说，实证取向的研究在留守儿童领域是非常适用的，既能从个体、群体层面收集资料予以分析，并反映其现状和问题，又可以通过假设检验等手段归纳形成理论解释，以保障结论的客观性和普遍性。然而，在开展西部留守儿童社会工作综合服务体系的研究中，仅靠问卷和访谈尚不足以从系统化的角度反映问题，基于此，本课题针对不同的研究内容，采用了多学科交叉的不同研究方法，但总体研究取向仍然是实证研究。

1. 问卷调查与实地研究法

问卷调查是实证研究的主要工具。研究西部留守儿童社会工作综合服务体系，前提是要弄清楚西部的留守儿童生活状况怎么样、有着怎样的服务需求，以回答“社会工作需要从哪些角度予以介入”的问题。在本研究中，课题组设计了西部留守儿童及其监护人的调查问卷并在八个省市实施了调查（具体实施过程见第三章），以了解留守儿童的基本生活状况、与外出务工父母的沟通交流情况、社会支持以及社会网等信息，并对留守儿童所在地区的学校、社区、基层政府部门开展了实地研究，对开展留守儿童服务较好的典型地区实施了个案研究。通过以上研究方法，探讨两个核心问题，一是西部地区留守儿童的生活状况如何，二是西部地区留守儿童需要什么社会工作服务。

2. 政策分析法

从中央政府到地方政府、民间经济社会组织，针对留守儿童都实施了各种各样的政策措施和关爱行动，例如免费午餐、寄宿学校、心理咨询、代理家长、亲情电话、民间公益服务等等，这些政策措施和关爱行动较好地营造了关心、关爱留守儿童的社会环境，也在一定程度上切实解决了西部留守儿童亲情缺失、教育不足所引发的各种问题。但是众多研究也发现，这些政策措施和关爱行动存在系统化不足、形式化明显、持续能力欠缺等问题。本课题运用政策分析的方法，探讨当前我国政府和社会对西部留守儿童实施的各类服务政策和关爱举措，深入分析其中存在的问题，从社会工作与社会政策的视角，针对西部留守儿童服务的制度化、体系化提出相应对策，为提出理想的西部留守儿童社会工作综合服务体系奠定基础。

3. 行动研究法

行动研究既是社会工作的一种实务范式，也是一种研究方法。在本研究中，课题组结合2012—2013年实施的中央财政资助“农村留守儿童社会工作服务项目”和2013—2014年实施的四川省民政厅购买的“三留守人员社区工作服务项目”，通过行动研究的五个实施步骤，深入、系统地发现留守儿童面临的问题，检验并提升社会工作的服务技巧，以形成切实可行的服务模式，为以上构建的西部留守儿童社会工作综合服务体系提供实证基础。

三、本课题核心概念界定

出于学术研究自身的规范性需要，课题组在开展具体研究之前，将本课题中涉及到的核心概念予以如下界定：

（一）西部地区

我国西部地区主要是指中国西南、西北一带，由西南五省市（重庆、四川、云南、贵州、西藏），西北五省市（陕西、甘肃、青海、新疆、宁夏）和内蒙古、广西，以及湖南的湘西、湖北的恩施土家族苗族自治州组成，即通常所指的“10+2+2”地区。我国西部地区国土面积538万平方公里，占全国国土面积的71.4%。据第六次人口普查显示，西部地区共有人口约3.6亿，占全国人口总数的26.9%。人口相对稀少、经济欠发达、多民族聚居是西部地区的三大总体特征。作为传统的主要劳务输出地区，西部地区的留守儿童规模庞大，已经引起了学术领域的高度关注。

（二）留守儿童

通常认为，留守儿童是由于父母外出务工而被留在家乡生活的儿童。当前，我国学术领域对留守儿童的界定并不统一，主要分歧表现在以下三个方面：第一，留守儿童的必要条件是父母双方都外出、还是仅一方外出务工即可？这一问题基本达成了共识①，那就是父母双方外出或单方外出，其留在家乡生活的儿童都可以算作是留守儿童。只不过，罗国芬认为，双亲均外出和单亲外出对儿童的影响显然是不同的，其子女虽然都可以认定为留守儿童，但是在开展留守儿童研究时，最好能够区分开来，并适当开展对比研究②。第二，父母外出多长时间，留在家乡的孩子才算是留守儿童？周福林等学者认为留守经历的持续时间最好以半年为界③，由于近年来我国人口普查认定流动

① 范兴华：《家庭处境不利对农村留守儿童心理适应的影响》，长沙：湖南师范大学出版社，2012年版，第4页。

② 罗国芬：《农村留守儿童的规模问题评述》，载《青年研究》2006年第3期。

③ 周福林、段成荣：《留守儿童研究综述》，载《人口学刊》2006年第3期。

人口的时间节点为六个月，所以持“半年论”观点的学者占多数；也有部分学者将时间界定为一年、三个月，甚至有的学者不予界定留守时间。① 第三，留守儿童的年龄范围界定在多大合适？罗国芬总结发现，学术领域存在18岁以下、6~18岁、16岁以下、15岁以下、6~14岁、14岁以下等多种不同区分②，但是在最近的研究中，许多学者认为应该与国际接轨，遵循《联合国儿童公约》中18周岁以下的标准③。当然，也有学者指出，当前学龄前的留守儿童和15至18周岁的留守儿童没有给予足够的关注④。

综合以上研究成果，本课题将留守儿童界定为：父母双方或一方外出务工后，将其不满18周岁的子女留在家乡生活达半年以上，这些不能长期与父母生活在一起的未成年人称为留守儿童。

一个有趣的现象是，国内学术领域一提起留守儿童，虽然没有添加定语，但是全部都默认为“农村留守儿童”，乃至学者们撰写农村留守儿童文章时，不加“农村”二字，编辑或读者也不会奇怪，均不假思索的理解为农村留守儿童。虽然这个现象看起来没什么大不了的，但是我们完全有理由反思：留守儿童全部来自农村？城市就不能有留守儿童？很显然，城市的市

---

① 罗静、王薇、高文斌：《中国留守儿童研究述评》，载《心理科学进展》2009年第5期。

② 罗国芬：《农村留守儿童的规模问题评述》，载《青年研究》2006年第3期。

③ 潘小娟、卢春龙：《中国农村留守群体生存状况研究》，北京：北京大学出版社，2013年版，第41页。

④ 周福林、段成荣：《留守儿童研究综述》，载《人口学刊》2006年第3期。

民中也有很多长期离家、在其他省市务工的，其未成年子女自然也可以看作是留守儿童。事实上，由于城市生活环境比农村更复杂，缺少家长监管、教育和照料的城市留守儿童，相对于农村留守儿童而言，有着更大的生活诱惑、更多的发生“状况”的可能性。由此可见，城市留守儿童是一个“被遗忘的角落”。本课题在对留守儿童进行界定时是不区分农村和城市的，既可以指代农村留守儿童，也可以指代城市留守儿童。当然，在研究的侧重面上，本课题主要探讨农村留守儿童。在这个基本认识框架下，课题组专门针对城市留守儿童进行了社会支持问题分析，还在服务体系中专门提出了城市留守儿童社区社会工作服务，以作为当前我国留守儿童研究的补充。

（三）学校社会工作

学校社会工作（school social work），也被称为教育社会工作（education social work），泛指教育体系之内的社会工作实务（social work practice in education and school setting）。

对于学校社会工作的定义，美国社会工作协会（NASW）出版的《社会工作百科全书》（Encyclopedia of Social Work）认为：学校社会工作是运用社会工作的理论与方法以实现学校的主要目的，即为学生提供教与学的场所，使学生能为现在所居住的世界与未来面对的世界作准备。台湾学者林胜义认为：“学校社会工作是学校辅导工作的一环，经由专业工作者运用社会工作的理论与方法，协助学生与学校、家庭及社区之间建立良好的关系，以准备现在以及未来的生活，从而达成学校教育之目的。”① 田国秀认为，学校社会工作是政府、社会各方面力量或私人经由专业社会工作者运用社会工作的理论、方法与技术，对正规或非正规教育体系中的学生，特别是处境困难学生，以及与学生相关的教师、家长、学校和社区提供的专业服务。学校社会工作的目的在于帮助学生或学校解决所遇到的问题，调整学校、家庭及社区之间的关系，发挥学生的潜能以及学校、家庭和社区的教育功能，以实现教育目的乃至若干社会目标②。国内外学术领域关于学校社会工作的定义较为趋同，都强调以“问题学生”为研究对象，家庭、学校和社区都是工作对象。

基于此，本课题中的学校社会工作是指：针对在人与环境交互作用中产生困境的学生个体、家庭或学校，由各种力量共同推动以促进这一问题的解决过程；在该过程中，问题的解决是短期目标，学生、家庭或学校的增能/增权是中期目标，增进教育福祉、促进教育体系协调运行是终极目标；推动这一变革的力量主要来自于具备维护公平正义等专业价值观念、掌握人与社会交互作用的理论、懂得提供专业助人方法的人员、组织和政府部门。这里的学校社会工作强调多元力量的参与，政府部门应从政策、法律和经费等方面提供支持，以增加教育福祉；社会工作服务机构等民间组织开展具体专业服务工作；社会工作教育与学术界负责培养社工人才并对学校社会工作进行理论上的研究；基础教育部门及时、多渠道地与社工进行合作。

---

① 林胜义：《学校社会工作》，台北：巨流图书公司，1998 年版，第 27 – 28 页。

② 田国秀：《社会工作实务（中级）》，北京：中国社会出版社，2015 年版，第 295 页。

从服务内容而言，学生层面的服务内容大致包括：与周围他人（教师、家长、同学）的人际沟通和关系处理能力，解决个人成长中的烦恼和困难，学生学业辅导与课外活动等方面的需求；教师层面的服务内容包括教师压力管理、教学能力提升、团队激励和师生关系改善等；家长层面的服务内容包括、家校关系、亲子关系、社区家庭关怀与救助、家长教育理念与方法改善等；社区层面的服务内容包括社区活动参与和社区家庭教育等。

（四）社会生态系统

生态系统理论（Ecological Systems Theory）强调个体嵌套于相互影响的一系列环境系统之中，在这些系统中，系统与个体相互作用并影响着个体发展。① 该理论有如下基本观点：第一，人自身具备与环境和其他人互动的能力，在正常情况下，个人能够与环境形成良好的调适关系。第二，个人的行动带有一定目的，并且遵循适者生存的法则，要理解个人行动的意义，就必须将其置于所处环境之中。第三，个人的问题是在一定生态环境中形成的，对个人问题的理解和判定也必须在其生存的环境中来进行。② 这一理论强调的是个体与社会生态环境的交互作用，将人嵌入于其所处社会环境之中予以理解和评判，并强调问题的解决也要依赖于社会力量的推动和社会环境的变革。

基于以上认识，本课题认为，社会生态系统是包括个体自身

---

① 〔美〕谢弗：《发展心理学：儿童与青少年》，邹泓译，北京：中国轻工业出版社，2009 年版，第 124 页。

② 刘杰，孟慧敏：《关于布郎芬布伦纳发展心理学生态系统理论》，《中国健康心理学杂志》2009 年第 2 期。

在内的生活环境的主体构成结构，具体包括如下内容：第一，微观系统，指的是个体自身的生物、心理和角色扮演状况；第二，中介系统，指的是两个以上个体在交互情境间所发生的关联及其历程；第三，外在系统，指的是超出中介系统以外的小群体之间的相互关联状况；第四，宏观系统，指的是影响个体行为的社会生活中的文化、政策及社会结构。在社会工作的视野中，不论服务对象的问题和需求表现在哪个方面，其背后都与各层次的生态系统有着不可分割的联系。所以，在构建社会工作服务体系、推行社会工作服务时，要深入理解个体在同伴群体、家庭、组织及社区中社会角色的扮演和社会生活功能的实现情况，多从服务对象不同层次的生态系统之间的关联处入手。

（五）行动研究

社会工作的研究本质上是为了实践而研究，其最终目的并非理论构建，而是进一步改进工作方法和服务结构。从这个意义上来说，行动研究是最适合社会工作的一种研究方法。行动研究最早由列温（Lewin）于1944年提出，至今为止已有70年。这种研究方法（事实上也是一种社会工作的服务范式）关注行动与研究的结合，也就是在行动过程中考察什么样的动力和条件将会带来什么样的结果与改变。苏梅克和列温界定了行动研究应该遵循八个原则①，分别是：行动研究结合了研究和行动；是研究者和参与者的协同研究；必须建构一定的理论知识；

---

① Somekh，B & Lewin，C. （2005）. Research Methods in Social Science. London：Sage. pp. 45－60.

起点是希望社会变迁和致力于社会正义；必须有高度的反身性；要探索各种各样的实用性知识；对于参与者而言必须产生强有力的学习，必须将对知识的探究放在更宽广的历史、政治和意识形态脉络下。里森和布拉勃里也指出，行动研究的过程事实上是将行动与反思、理论同实践共同结合在民众的参与当中以探寻更有效的服务解决方案。所以，行动研究不仅仅是研究的方法，更是系统的证据收集与实验、以探究提升专业服务质量的实务过程[①]。

由此可见，在社会工作的范畴内，行动研究是指社会工作者在推行社会工作服务的过程中，强调服务对象自身及相关人群同社工一起参与到服务内，开展行动的同时进行反思，在行动中获得知识以便进一步促进服务质量的提高。共同参与是基础，反思改进是核心，服务模式的形成是结果。基于此，行动研究的基本过程可以设定如下：首先，在充分调研基础上，结合服务对象自身的意见和感受，形成问题的预估；其次，根据预估中发现的问题，在服务对象共同参与的基础上形成初步服务方案；第三，推动服务规划的落实；第四，在服务实施过程中，服务提供者不断反思服务方法的针对性和有效性，并从服务对象那里收集反馈信息，进一步改进服务方案，完成再评估的过程；第五，继续推动新服务方案的实施，并进入行动研究的第二个周期。

① Reason, R & Bradury, H. (2005). Handbook of Action Research: Participative Inquiry and Practice. ThousandOaks, CA: Sage. P. 57.

第三章　西部留守儿童一般情况概述

本章旨在通过对问卷数据的统计以及现有研究成果的介绍，反映西部留守儿童在性别分布、年龄、文化程度、居住方式、与外出务工父母的日常交流等基本方面的大致情况。事实上，目前我国学术领域针对全国或者西部地区留守儿童的全面性调查很少，近年来全国妇联组织北京师范大学、中国人民大学等单位的学者开展了全国性的留守儿童研究，分别于2008年和2013年发布相关调查报告，其数据经常被引用以反映我国留守儿童总体的特征，特别是其中指出的全国农村留守儿童总人数分别为5800万、6102.55万，更是被相关媒体和学者所关注。2017年东北师范大学中国农村教育发展研究院在全国12个省份的调研数据显示，我国在2012—2016年五年间农村留守儿童减少544.78万，结合全国妇联的统计数据推算，当前我国农村留守儿童应不低于5557.77万。本章将使用课题组的问卷调查数据，结合全国妇联的相关研究报告①，勾勒出我国西部地区留守儿童的基本特征。

① 全国妇联课题组：《全国农村留守儿童、城乡流动儿童状况研究报告》，载《中国妇运》2013年第6期。

一、调查样本的基本信息

课题组于自 2010 年起采用组织调查分队和委托调研的方式，对我国四川、重庆、云南等八个西部省份的留守儿童及其在外务工的父母开展了问卷调查①，共发放问卷 4000 份，回收有效问卷 3929 份，有效回收率为 98.23%。另外，在开展问卷调查的同时，课题组在四川、贵州、重庆、广西、新疆等省市区运用深度访谈和参与式观察等实地研究的方法开展了留守儿童的质性研究，以弥补问卷调查、定量分析在方法论层面的不足。调查样本的基本信息见表 3－1。

表 3－1　西部留守儿童问卷抽样调查基本信息表（n＝3929）

分类		样本数	比例（%）	分类		样本数	比例（%）
年龄	6 岁以下	145	3.69	文化程度	未入学	224	5.70
	6－13 岁	2126	54.11		小学	1377	35.05
	14－17 岁	1658	42.20		初中	1517	38.61
性别	男	2022	51.46		高中	811	20.64
	女	1907	48.54	区域	农村	3095	78.77
民族	汉族	3565	90.74		小城镇	639	4.96
	少数民族	364	9.26		城市	195	16.26

① 由于作为抽样对象的留守儿童总体不明确，没有这方面的权威统计数据，各个西部省份分别有多少留守儿童不明。所以，本次调查问卷是按照 2005 年全国百分之一人口抽样调查来分配的（资料来源：2006 年《中国统计年鉴》P274 页）。具体做法是：首先选择了西部 12 个省、市、自治区中的 8 个（分别是广西、重庆、四川、贵州、云南、陕西、甘肃、青海，人口共计 30680 万），然后根据各省比例分配调查问卷，其中广西 600 份、重庆 400 份、四川 1000 份、贵州 500 份、云南 600 份、陕西 500 份、甘肃 300 份、青海 100 份，共发放问卷 4000 份，回收有效问卷 3929 份。具体抽样过程为：八个省市区分别抽出 2—4 个县，每个县抽出 2 个乡镇，每个乡镇抽出 2 个村，由此每个省市区分别抽出 8—16 个村。然后将确定好的各省样本量分摊到各村，组织调查员入户实施调查。

从年龄分布来看，6 岁及以下的留守儿童 145 名[①]，占比 3.69%；7—14 岁的留守儿童 2126 名，占比 54.11%；14—17 岁的留守儿童 1658 名，占比 42.2%。从性别分布来看，男性留守儿童 2022 名，占比 51.46%，女性留守儿童 1907 名，占比 48.54%，性别比为 106。全国妇联课题组的《全国农村留守儿童、城乡流动儿童状况研究报告》显示，全部农村留守儿童中，男孩占 54.08%，女孩占 45.92%，性别比为 117.77。两者数据差距的主要原因有两个方面：第一是由于本调查在留守幼儿实施中遇到较大困难，故而补充了一部分其他年龄段的留守儿童样本，而留守幼儿的性别比很高，达到了 120.6，是所有年龄段中性别比例最失衡的，这使得性别比例与总体不相符合；第二个原因是，全国妇联的数据是来自第六次人口普查中的农村数据，而本调查除了在农村实施以外，同样在西部地区的小城镇和城市也实施，事实上，从样本户籍分布来看，全部 3929 名留守儿童中，农业户口 3325 人，占比 84.6%，无户籍（即通常所说的“黑户”）的 52 人，占比 1.3%，非农业户口 552 人，占比 14.1%，城市和农村的地区差异也影响到本调查中的性别比与全国妇联的数据有一定差距。从民族分布来看，样本中的汉族留守儿童 3565 名，占比 90.74%，少数民族留守儿童 364 人，

---

① 样本中 6 岁及以下的留守儿童较少，其原因并不是留守儿童中的幼儿较少，事实上，根据全国妇联《我国农村留守儿童、城乡流动儿童状况研究报告》显示，学龄前农村留守儿童达 2342 万，在农村留守儿童中占 38.37%，可见农村留守儿童中 6 岁以下的占有相当比例。本抽样调查之所以留守幼儿较少，其主要原因是在根据抽中的样本实施调查时发现，即便是监护人在场的情况下，留守幼儿沟通能力有限，部分被抽中的样本难以实施问卷调查，故而舍弃并补充了其他年龄段的留守儿童。

占比9.26%。从文化程度来看，未入学的留守儿童224人，占比5.7%；小学阶段的留守儿童1377人，占比35.05%；初中阶段的留守儿童1517名，占比38.61%；高中阶段的留守儿童811人，占比20.64%。从区域分布来看，目前生活在农村的留守儿童3095人，占比78.77%；生活在小城镇的留守儿童639人，占比16.26%；生活在城市的留守儿童195人，占比4.96%①。

二、西部农村留守儿童的家庭生活状况

1. 西部留守儿童父母外出务工情况

从表3-2可以看出，调查样本中，仅父亲在外务工的留守儿童有1409人，占比35.9%；仅母亲在外务工的留守儿童有266人，占比6.8%；父母都在外务工的有2254人，占比57.4%。全国妇联2008年调查数据显示，在全部农村留守儿童中，父母一方外出留守儿童占47.14%，父母双方外出留守儿童占52.86%②。两组数据比较接近。

---

① 需要说明的是，本调查中留守儿童在城镇、农村的区域分布数据和非农、农业户籍数据不能一一对应，这是因为目前生活在城镇中的留守儿童，并非就一定具有非农户口。本课题中所指的城镇留守儿童，是指户籍所在地为城市或城镇，由于父母单方或双方外出工作，无法与父母双方或单方共同生活超过半年的城市家庭中18岁以下的未成年人。

② 全国妇联：《全国农村留守儿童状况研究报告》，载《中国妇运》2008年第6期。需要说明的是，全国妇联在2013年发布的《全国农村留守儿童、城乡流动儿童状况研究报告》中，没有公布留守儿童父母外出务工情况的统计数据，而其他研究成果中没有全国性的权威数据，故而本处引用了2008年的数据以作参照。

表 3－2　西部留守儿童父母在外务工情况统计表

	频率	有效百分比	累积百分比
父亲在外务工	1409	35.9	35.9
母亲在外务工	266	6.8	42.6
父母都在外务工	2254	57.4	100.0
合计	3929	100.0	

2. 西部留守儿童家庭的子女情况

从表 3－3 可以看出，西部留守儿童中，独生子女有 1087 名，占比 27.7%；有两个子女的共计 1737 名，占比 44.2%；有三个及以上子女的共计 1105 人，占比 28.1%。以上数据说明，留守儿童中独生子女比例较低，占家庭总数不到三分之一，也就是说超过三分之二的留守儿童家庭不是独生子女家庭。

表 3－3　西部留守儿童家庭子女情况统计表

	频率	有效百分比	累积百分比
独生子女	1087	27.7	27.7
两个子女	1737	44.2	71.9
三个及以上	1105	28.1	100.0
合计	3929	100.0	

课题组无意探讨计划生育政策在农村地区和相对弱势家庭的实施情况，仅就以上数据做一些简单分析：一方面，子女较多，给家庭增加了经济负担，父母更有驱动力外出务工以改善家庭经济条件，为子女提供更好的生活质量和教育资源，从推拉理论来说，这无疑构成了父母外出务工的推力；另一方面，有多个子女对于留守儿童本身而言，又是一个很重要的资源：作为一种近端支持因素，多子女共同生活能够有效克服留守儿

童的孤独体验，对其反社会行为及抑郁情绪有良好抵抗作用[1]，同时可以帮助留守儿童对父母外出打工这一事件形成积极认知，有利于疏导其消极情绪，扩展朋友网络，使其主动感知外界支持，并采取积极的应对方式，从而提高生活适应能力[2]。

我今年17岁，父母在我记忆中就一直在广东一家电子厂工作，一年最多回来一次。我到三岁就一直和爷爷、奶奶一起生活。我从十四岁高二就退学了，本身学习就不好、贪玩、还老和同学打架、差一点被学校劝退，而且想到父母打工挣钱不容易，于是就不读书了，帮助爷爷奶奶干活。十五岁时带着妹妹寄宿到了新疆的姑姑家，我在一家电子厂打工，月薪很少，只能供自己生活费用；妹妹上小学六年级，学习成绩在四川是挺不错的，但转到新疆来后却严重下滑，而且我们从小在四川长大，对四川的水土和饮食有了很强的依赖性，现在一下转到新疆突然感觉水土不服，妹妹说两边的讲课方式不太一样有点不适应，于是成绩下滑的厉害，但又害怕父母担心，所以一直没告诉他们。我在学习上帮不了妹妹什么，只是鼓励她，给她一些零用钱。

（访谈个案编号：XJ－W－20120719－02）[3]

---

① 申继亮、武岳：《留守儿童的心理发展：对环境作用的再思考》，载《河南大学学报（社会科学版）》2008年第1期。

② 赵景欣、张文新：《农村留守儿童生活适应过程的质性研究》，载《河南大学学报（社会科学版）》2008年第1期。

③ 个案访谈采取四级编号的规则：第一级大写字母表示省份，第二级大写字母表示访谈实施的具体县份的首字母，第三级数字表示访谈实施的时间，第四级数字表示访谈个案在所在省份的实施顺序。

我今年14岁，家里有6口人，爷爷、奶奶、爸爸、妈妈和10岁的妹妹。父母在上海打工差不多十年了，每个月按时给家里寄钱，每年过年回一次家。爷爷奶奶在家里照顾我们两个，还要做农活。我在镇上上初中，平时住在学校，每周五回家。妹妹学习成绩不稳定，我每周回家时，做完自己的作业后就帮妹妹看一下功课，或者帮爷爷奶奶做些事情。妹妹小一些，经常会念着爸爸妈妈，我已经习惯了，就常常安慰她，给她看喜欢的电视。只是说，我自己有时候在学习上有什么困难，就找不到人帮忙了。

（访谈个案编号：SC－Y－20120728－06）

从以上两个访谈资料可以看出，有兄弟姐妹在一起共同生活的留守儿童，在相互支持、心理慰藉甚至物质支持等方面，显然优于没有兄弟姐妹的独生留守儿童。当然，通常的情况是，留守儿童中的年长者给年幼者提供学业帮助或情感支持，而前者自身要承担更多的生活和精神压力，且寻求帮助的渠道少于后者。

3. 西部留守儿童的共同居住成员情况

统计发现，与留守儿童共同居住的成员中奶奶的比例最高，62.48%的留守儿童共同居住成员中有奶奶，其次的比例为爷爷，占比为56.63%；外公、外婆与留守儿童共同生活的情况不多，分别占比为12.01%和14.81%。这样中国传统生活、居住方式紧密相关：农村青年婚后通常与男方父母而不是女方父母共同居住，城市青年婚后多数也是单独居住或与男方父母居住，其子女由男方父母照料的比例高于由女方父母照料的比例，尤其是共同生活的长期照料。

表 3－4 留守儿童共同居住成员统计表（多选题）

选择项	频数	选项百分比	个案百分比
爷爷	2225	23.87	56.63
奶奶	2455	26.34	62.48
外公	472	5.06	12.01
外婆	582	6.24	14.81
父亲或母亲	1620	17.38	41.23
兄弟姐妹	1473	15.80	37.49
叔或婶	339	3.64	8.63
其他	155	1.66	3.95
总计	9321	100.00	237.24

41.23%的留守儿童共同生活成员中有父亲或者母亲，前文统计发现，42.6%的留守儿童仅父母一方外出务工，这两者有一定的数据差距，其主要原因是部分留守儿童的父母处于离婚或亡故状态，本来仅有父母一方与孩子共同生活，所以在问卷中虽然填写了仅父亲或仅母亲外出务工，但是共同生活成员中不一定有母亲或父亲，于是出现了上述数据差距。近四成的留守儿童共同生活成员中有兄弟姐妹，前文统计发现，超过三分之二的留守儿童家庭不是独生子女家庭，这里面差距的主要原因在于相当比例的留守儿童处于在学校寄宿状态，日常生活并不在家中，故而没有被纳入“共同居住”的统计之中。与叔婶或其他成员共同生活的留守儿童较少。

4. 西部留守儿童的共同居住成员对留守儿童的照料和教育

表3－5显示，92.2%的共同生活成员能够照顾留守儿童的饮食起居，71.0%的能够负责留守儿童的人身安全，毫无疑问，留守儿童的这两项最基本的生活需求能够从共同居住成员中得到满足。54.7%的共同居住成员可以对留守儿童开展道德教育

表 3-5　共同居住成员对留守儿童的照料和教育情况统计表（多选题）

选择项	频数	选项百分比	个案百分比
照顾饮食起居	3587	32.8	92.2
辅导功课	1047	9.6	26.9
心理慰藉	1232	11.3	31.7
道德教育	2128	19.4	54.7
负责人身安全	2762	25.2	71.0
其他	195	1.8	5.0
总计	10951	100.0	281.5

但是从学业辅导和心理慰藉两个方面的需求来看，分别仅有26.9%和31.7%的共同居住成员能够满足。全国妇联课题组研究指出，所有隔代照顾留守儿童的祖父母，平均年龄为59.2岁，56%的年龄在60岁以下，绝大部分在50—59岁之间，甚至有12%的祖父母年龄在50岁以下，能够为留守儿童提供基本的生活照料。但是，隔代照料农村留守儿童的祖父母的受教育程度很低，绝大部分为小学文化程度，甚至有8%的祖父和25%的祖母未上过学。由于受教育水平的限制，祖父母在抚养和教育留守儿童时面临诸多的困难和挑战①。也有研究者指出，父母外出与否和孩子的学习成绩并没有很大的相关性，其原因是农村父母比较普遍地教育观念淡薄，而且事实上很多农村父母没有也无力对孩子的学习进行辅导，尤其是对那些高年级的留守儿童②。以上数据说明，留守儿童在日常生活照料方面面临的问题并不严重，但是在学业辅导和心理慰藉两个方面，存在明显的不足。

① 全国妇联：《全国农村留守儿童状况研究报告》，载《中国妇运》2008年第6期。

② 朱科蓉等：《农村留守儿童学习状况分析与建议》，载《教育科学》2002年第4期。

我爸爸妈妈都在重庆市里打工，基本上半年回来一次，哥哥在北京读大学，平时就是我和奶奶一起生活。奶奶65岁，身体还不错。我今年13岁，上小学6年级。我基本可以照顾自己，也可以帮奶奶做家务和一些农活。我的学习一般，平时都是自己做作业，不懂的就先放着。虽然觉得爸爸妈妈对我关心比较少，回来看我次数也少，但是我还是很想他们。奶奶觉得我是个女孩，有些不喜欢我，爸妈又不在身边，所以常常感觉有些心酸，有时候跟其他孩子比，觉得很自卑，很嫉妒别的同学，觉得别人比自己幸福，这些想法又不好跟别人说。

（访谈个案编号：CQ－M－20120811－12）

上述案例在留守儿童、尤其是女童中较为常见，在缺乏近端支持的情况下，虽然日常生活不存在大问题，但是留守儿童的学业辅导缺乏资源，心理慰藉缺乏渠道。

三、西部农村留守儿童的家庭、亲子关系状况

调查显示，有91%的留守儿童用电话和爸爸妈妈联系，通过QQ、微信、书信等方式联系的极少。在3929名被调查者中，半年之内未见到父母的人数超过一半，说明多数父母都是离家时间较长；当问到孩子们是否想念父母时，有70%的孩子表示非常想念，仅有4%表示不想念，说明多数孩子与父母的关系较好；有32%的留守儿童和父母每周内联系一次，仅有5%的留守儿童超过一个月和父母联系一次，由此可推断多数父母都较为关心孩子，和孩子联系较为密切；当问到被调查者希望多久和父母联系时，48%的留守儿童希望每天联系一次，23%的希

望每周联系一次，由此可见，孩子对父母非常依赖，希望父母能多陪伴他们。（详见表3-6）

表3-6 被调查者与父母的关系（n=3929）

变量		频数	有效百分比
有多久没见过父母	半年之内	2122	54%
	半年至一年	1218	31%
	一年至两年	236	6%
	两年以上	353	9%
想念外出务工的父母吗	十分想念	2750	70%
	比较想念	629	16%
	偶尔想念	393	10%
	不想	157	4%
多久和父母联系一次	一周以内	1257	32%
	一周至半个月	510	13%
	半个月至一个月	315	8%
	一个月以上	197	5%
	不固定	1650	42%
希望父母多久联系一次	每天	1886	48%
	一周以内	903	23%
	一周至半个月	393	10%
	半个月至一月	118	3%
	一个月以上	236	6%
	不固定	393	10%

由此可见，多数农村留守儿童与父母关系较好，他们很想念在外打工的父母，渴望父母的陪伴。

当问及被调查者和监护人的关系时，有3065名被调查者表示和监护人关系很好，所占比例高达78%，仅有145名被调查者表示和监护人关系不好。2790名（71%）留守儿童的监护人的职业是务农，有13%的人的监护人为工人，有极少数人的监护人为政府企业的工作人员和教师，由此可推测多数被调查者监护人的经济状况较差。

调查发现，67%的被调查者认为监护人的作用主要体现为照顾他们的生活，18%的调查者认为主要是辅导他的学习。41%的被调查者的监护人积极参加学校家长会，仍有11%的被调查者表示监护人不参加。另外，调查还发现，仅有9%的监护人频繁主动和教师联系，多数监护人是偶尔联系，有26%的监护人从不联系。可见，监护人在留守儿童学习方面的关注度是远远不够的。（详见表3－7）

表3－7　被调查者监护人关心监护人学习情况（n＝3929）

变量		频数	有效百分比
监护人参加学校家长会情况	积极参加	1611	41%
	有时参加	1886	48%
	不参加	432	11%
监护人主动与老师联系情况	经常联系	353	9%
	有时联系	2554	65%
	不联系	1022	26%

在调查中发现，有1139人认为自己在家表现很好，所占比例为29%，有2515人认为自己在家表现一般，所占比例高达64%，仅有275名被调查者认为自己在家表现不好，所占比例为7%。当问及他们在家做家务情况时，41%的人表示经常帮助监护人做家务，有34%的人偶尔会做家务，仅有4.2%的农村留守儿童几乎不做家务。由此可见，多数留守儿童在家表现良好，很乖巧懂事。

当问及与家人发生冲突时自己是什么样的应对方式，“保持沉默”和“勇敢说出自己的观点”的人数相差不多，选择“过激行为，如离家出走”的人数则非常少。

综上可知，监护人和留守儿童关系密切，监护人主要是照顾他们的生活，但对他们的学习关注不多，由此可见，监护人对农村留守儿童的教育关注度有待提高；留守儿童在家中表现良好，常常帮助做家务，较为乖巧懂事。

四、西部农村留守儿童的学校和学习情况

调查发现，28%的留守儿童对自己的学校非常满意，37%的留守儿童表示满意，仅有约2%的人表示不满意，从中可以看出，多数人对自己的学校是较为满意的。当调查中谈到认为学校哪些方面需要改进时，有47%的孩子认为学校的环境需要改善，有16%的孩子认为，教师素质有待提高，19%的孩子认为教学设施需要完善，仅有7%的孩子认为学校体制需要改善，由此可见，留守儿童所在学校的环境较差，教师素质和教学设施都有待提高，他们对学校体制的异议不大。

表3-8　被调查者对待学习的态度和对自己学习现状的满意程度（n=3929）

变量		频数	有效百分比
学习态度	非常认真	864	22%
	比较认真	2397	61%
	一般	629	16%
	讨厌学习	39	1%
学习现状满意度	满意	982	25%
	比较满意	1218	31%
	一般	1257	32%
	不满意	472	12%

调查发现有大约一半的留守儿童都喜欢学习，有约30%的孩子表示非常喜欢学习，仅有2%的孩子不喜欢学习。在3929名被调查者中864人对待学习非常认真，有2397人表示自己较

为认真，仅有 39 人讨厌学习，有 25% 的人对自己的学习现状非常满意，有 31% 较为满意，有 13% 不满意。由此可以看出，多数留守儿童都很热爱学习，对待学习的态度也较为认真，有超过一半的孩子对自己的学习现状感到满意（详见表 3－8）。当然，也有学习成绩较差的个案。

社工：你对你的学校满意吗？

案主：不满意，条件太差，离家又远

社工：那你喜欢学习吗？

案主：有的科目喜欢，有的不喜欢，我讨厌数学

社工：你马上都要初三了，初中毕业还继续上高中吗？

案主：不上了，我有的同学现在都没上了，我想初中毕业去我妈那边找工作。

（访谈个案编号：SC－X－20150711－04）

在 3929 名被调查者中有 38% 的人遇到困难最先向老师请求帮助，有 43% 的人会最先向同学或朋友请求帮助，其中最先向家人求助的仅占 9.5%。被调查者中，38.4% 的留守儿童经常参加学校的集体活动，偶尔参加的占 44.7%，从不参加的仅占 16.9%，可以看出多数留守儿童是乐于参加集体活动的。

当谈到留守儿童在学习上有什么期望时，有 16% 的被调查者希望在学习上得到更多的关注和指导，有约 17% 的人希望能更多地和同学交流学习，有 15% 的留守儿童希望能够获得更多的学习资源，有 9% 的孩子希望老师可以少布置一些作业。由此可见，农村留守儿童在学习上存在缺少关心和指导的情况，同时存在由于经济条件等原因缺乏学习资源的情况。

综上可知，多数留守儿童对自己的学校较为满意，认为学校环境较差；留守儿童热爱学习且学习成绩较好；多数留守儿童学习上遇到困难倾向于向老师同学求助，更多的学习指导和交流以及学习资源是留守儿童在学习上普遍的需求。

五、西部农村留守儿童与外出务工父母的日常沟通及技巧问题

本部分综合社会心理学、社会语言学的相关理论，从两个方面开展探讨：首先，从人际关系三维理论（包容需要、支配需要和情感需要）的视角研究外出务工父母与留守儿童语言沟通的现状，分析外出务工父母与留守儿童日常沟通的现状，并且在此基础上分析双方日常沟通存在的一般性问题。其次，从交际社会语言学的理论视角探讨外出务工父母与留守儿童日常沟通中存在的技术问题，具体从“交际基本原则”“交际能力”“语境化”和“会话策略”四个维度探讨外出务工父母与留守儿童日常沟通中存在的技术问题。

（一）西部农村留守儿童与外出务工父母的日常沟通现状

1. 较低的沟通频率影响留守儿童包容需要的满足

表3－9从外出务工父母与留守儿童见面间隔及联络间隔反映了双方沟通的频率。从见面间隔来看，半年能见一次面的不到五分之一，一年能见一次的超过四成，两年能见一次的超过四分之一，还有7.5%的留守儿童两年以上才能见父母一次。从联络的间隔来看，8.7%的外出务工父母每天会与留守儿童联络

一次，过半数的每周联络一次，近两成的半个月联络一次，超过一成的一个月才联络一次，还有8%的父母与留守儿童联络非常少。从以上数据可以发现，外出务工父母与留守儿童见面间隔较长，直接交流沟通的时间非常有限；双方联络的频率总体上来说不太高。

表3－9　外出务工父母与留守儿童沟通频率统计表

见面的间隔			联络的间隔		
分类	频率	比例（%）	分类	频率	比例（%）
半年以内	907	23.6	基本每天一次	336	8.7
半年到一年	1629	42.4	大概每周一次	1984	51.2
一年到两年	1020	26.5	差不多半个月一次	762	19.7
两年以上	289	7.5	大概一个月一次	484	12.5
总计	3845	100.0	两三个月一次	228	5.9
缺省值	84		基本不联系	83	2.1
			总计	3877	100.0
			缺省值	52	

爸爸妈妈差不多半年回来一次，平时联系的主要方式就是打电话，基本上一个礼拜打3次电话。

（访谈个案编号：CQ－M－20120811－12）

父母在我记忆中就一直在广东一家电子厂工作，一年最多回来两次。一般一星期和父母打电话一次，母亲为了省几角钱的电话费总是打几分钟电话就挂了，我有的时候在工厂用同事的电脑与他们视频。

（访谈个案编号：XJ－W－20120719－02）

父母很少和自己联系，联系的主要方式就是打电话，基本上一个星期打一次电话，其他很少直接交流，每次打电话就是问几句，很少有长时间交流。

（访谈个案编号：GS－M－20110812－01）

人际关系三维理论指出，包容需要指个体想要与人接触、交往、隶属于某个群体，与他人建立并维持一种满意的相互关系的需要。在个体的成长过程中，若是父母与孩子之间缺乏正常的交往，那么，儿童的包容需要就没有得到满足，容易与他人形成否定的相互关系，产生焦虑情绪，于是就有可能形成低社会行为，在行为表现上倾向于内部言语、倾向于摆脱相互作用而与人保持距离，拒绝参加群体活动。相反，如果个体在早期能够与父母或他人进行有效的适当的交往，他们就不会产生焦虑，会形成理想的社会行为，这样的个体会依照具体的情境来决定自己的行为，决定自己是否应该参加或参与群体活动，形成适当的社会行为[①]。与非留守儿童相比，留守儿童与父母的日常沟通频率相对要低得多，这种日常沟通往往较难满足留守儿童的包容需要，由此，留守儿童的焦虑情绪、低社会行为均容易产生，也影响其群体参与及团队合作精神。从人才质量的角度看，这种日常沟通频率导致包容需要较难满足的生活情景，不利于留守儿童情商、社会参与及团队精神的培养，对个体能力和职业发展均会造成一定影响。

---

① 〔美〕戴维·迈尔斯：《社会心理学（第八版）》，张智勇等译，北京：人民邮电出版社，2006年版，第33—120页。

2. 沟通方式单一化容易导致对留守儿童的过分控制

从表 3 - 10 可以看出，外出务工父母与留守儿童日常沟通的主要方式是打电话和发短信，分别占总样本量的 89.6% 和 16.6%，以上两种方式占所有被选沟通方式总量的 76.9% 和 14.3%。上网、写信和带口信等较现代化或较具传统色彩的沟通方式使用均较少。

在非面对面沟通里，打电话属于直接口语沟通，信息传递及反馈均最及时，再加上较高的沟通成本要求限定沟通时间，所以留给双方（尤其是留守儿童）思考的时间很短，往往是在比较仓促的时候，父母交代留守儿童在家应该注意的事项，哪些该做、哪些不该做，语言表达的方式通常带有命令而不是协商色彩。人际关系三维理论指出，支配需要指个体控制别人或被别人控制的需要，是个体在权力关系上与他人建立或维持满意人际关系的需要。个体在早期生活经历中，若是成长于既有限定又有自由的民主气氛环境里，个体就会形成既乐于顺从又可以支配的民主型行为倾向；而如果个体早期生活在高度控制或控制不充分的情境里，他们就倾向于形成专制型的或是服从型的行为方式。专制型行为方式的个体表现为倾向于控制别人，但却反对别人控制自己，喜欢为别人做出决定；服从型行为方式的个体，表现为过分顺从、依赖别人，不愿意对任何事情或他人负责任，在与他人进行交往时，这种人甘愿当配角①。由此

① 〔美〕戴维·迈尔斯：《社会心理学（第八版）》，张智勇等译，北京：人民邮电出版社，2006 年版，第 33—120 页。

可见，个体在交往过程中，需要接受一定的控制，同时对他人也要施予一定的控制，由此才能保持限定与自由的平衡，形成民主型的行为倾向。而在外出务工父母与留守儿童较单一且受时间和情景控制的日常沟通方式里，父母出于对子女的关心，叮嘱和交代留守儿童在家生活和学习的注意事项，可以保持居高临下的话语优势，所以支配需求得到了很好的满足；而留守儿童则相反，是生活在一个被控制的话语环境里，如果持续时间较长，那么容易导致专制型行为倾向。

表 3－10　外出务工父母与留守儿童日常沟通方式统计表（多选题）

选择项	频数	选项百分比	个案百分比
打电话	3487	76.9%	89.6%
写信	50	1.1%	1.3%
带口信	69	1.5%	1.8%
发短信	646	14.3%	16.6%
上网	104	2.3%	2.7%
其他	176	3.9%	4.5%
总计	4532	100.0%	116.4%

3. 沟通内容功利化不足以满足留守儿童情感需求

从表 3－11 可以看出，在外出务工父母与留守儿童日常沟通的话题里面，留守儿童的学习（考试）成绩、在家是否听话、饮食状况、人身安全、钱是否够用是排在前五位的，分别占样本总量的 89.3%、71.6%、47.7%、39.8% 以及 39.6%，而对留守儿童的心情状况、青春期爱情状况、照顾者的态度等交流较少。从两个极端的交流内容来看，外出务工父母最关心的是留守儿童的学习成绩，最不关心的是孩子的心情。

表 3-11　外出务工父母与留守儿童日常沟通内容统计表（多选题）

选择项	频数	选项百分比	个案百分比
学习、考试成绩	3500	25.1%	89.3%
是否听话	2807	20.1%	71.6%
是否打架	902	6.5%	23.0%
人身安全	1560	11.2%	39.8%
饮食状况	1867	13.4%	47.7%
钱够不够用	1550	11.1%	39.6%
有没有谈恋爱	510	3.7%	13.0%
心情好不好	488	3.5%	12.5%
照顾者对你好不好	774	5.5%	19.8%
总计	13958	100.0%	356.3%

母亲会一个月给家里打一次电话，因为家里没有电话，所以每次母亲都是打电话到邻居家，然后等一会我去接电话，弟弟妹妹都没有接电话，所以对母亲没有什么印象。母亲打电话都是问一些我们的学习和生活方面，读书怎么样啊、吃的怎么样啊之类的，对我们的在想什么并不会问多少，我也习惯了，每次都是这些。

（访谈个案编号：GX-Y-20110722-08）

爸爸和妈妈在外打工的时候，差不多一周给家里通一次电话。而且就因为这原因，家里才装了电话（本来用手机要更方便一些，不过由于奶奶不太会用、觉得麻烦就装的座机）。每一次都是妈妈打回来，说好多话，爸爸不怎么说话。问奶奶和我们在家还好吗，我和弟弟有没有闯祸，让我们放学回家过马路时要小心车子（看见没有车时再通过），还让我们要听奶奶的话（有什么可以帮着做的就帮着奶奶，也不要让奶奶太累），问家里有没有生活费什么的。每次听着妈妈的声音就特别的想他们，放学的时候看到别的小孩都有家长接，就觉得特别羡慕。

（访谈个案编号：GX－Y－20110724－09）

人际关系三维理论指出，情感需要指个体爱别人或被别人爱的需要，是个体在人际交往中建立并维持与他人亲密的情感联系的需要。当个体在早期经验中没有获得爱的满足时，个体就会倾向于形成低个人行为，他们表面上对人友好，但在个人的情感世界深处却与他人保持距离，避免亲密的人际关系[①]。虽然说关心孩子的学习是很正常的事情，但是可以想象，父母每次打电话过来首先问的（或问的最多的）都是学习或考试，留守儿童对这类信息接触过多，容易导致抵触或逆反情绪，其后果是将父母关心的内容作功利化解读（即不是关心自己，而是关心成绩）。相反，能够直接体现关怀的留守儿童心情状况交流最少，这无疑很难满足孩子的情感需要，持续时间过长容易形成留守儿童的低个人行为。

（二）外出务工父母与留守儿童日常沟通中存在的技术问题

以上是对外出务工父母与留守儿童日常沟通的现状及一般问题进行的分析，实际上，在微观的沟通过程中，双方（尤其是外出务工父母）还存在很多技术性问题，而这些微观层面的分析，对于理解双方沟通的现状和一般性问题是一个很好的补充。

1. 外出务工父母及留守儿童对语言交际原则的理解比较欠缺

合作原则、礼貌原则和得体原则是交际社会语言学理论倡

---

① 〔美〕戴维·迈尔斯：《社会心理学（第八版）》，张智勇等译，北京：人民邮电出版社，2006年版，第33－120页。

导的人类语言交际基本原则。通过实地访谈发现，外出务工父母及留守儿童对于语言交际基本原则的理解比较欠缺。以下是一位留守儿童告知的与父母通电话的一般内容：

父/母：“喂，某某（孩子姓名）吗？你吃了吗？在干什么呢？某某（通常是指照顾者）呢？在学校怎么样啊？考得怎么样哦？要听某某（通常是照顾者）话啊，不要出去打架，放学早点回来，不要去上网，钱够不够用哦？……”

子/女：“嗯，吃过了。在看电视。他/她（通常指照顾者）在……在学校还正常，成绩还是那样。嗯，知道了……”

（访谈个案编号：CQ－L－20110112－08）

从双方的对话来看，外出务工父母在与留守儿童的沟通中，往往是询问和叮嘱性叙述，处于一种居高临下的话语地位；留守儿童与外出务工父母的语言沟通往往是回复性陈述，较少描述性（个人生活、心理状况）和反诉性陈述（对父母生活、工作情况的了解），在语境中处于较低地位。从表面上来看，双方交流中合作、礼貌和得体原则都有一定体现，但是如果深入分析则会发现，存在一定问题：首先，合作的基础来源于双方对事件的共同理解或谅解，以及对话题持续下去的兴趣，而外出务工父母与留守儿童沟通中的合作来源于双方对于亲子关系的明确认知，这种合作是不牢固的。其次，部分留守儿童在与外出务工父母通电话的时候没有使用称呼语（在年龄稍大的留守儿童中更为常见），这种省略既是对通话内容情绪化的一种隐性表现，又是对礼貌原则的一种破坏。最后，通话中父母的优势地位以及子女的弱势地位似乎是得体的，但是强化关系地位的同时弱化了亲情因素，影响了留守儿童对关怀的直接感知。由此可见，外出务工父母及留守儿童双方对语言交际原则的理解存在一定欠缺，这种欠缺对于日常沟通的效果会产生不利影响。

2. 外出务工父母及留守儿童的语言交际能力总体较弱

有学者指出，在自然的语言习得过程中，不仅有语法方面的，而且还有使用恰当与否这个方面的，这就是语言交际能力。个体获得的语言交际能力包括学会什么时候该说，什么时候不该说；应该说什么，不应该说什么；应该对谁说，不应该对谁说；应该在什么场合说，不应该在什么场合说；应该以何种方式说，不应该以何种方式说等等①。这就是说，人在自然的语言使用过程中，不仅应该注意语言自身的规则（语法），还要注意语言行为的规则（用法），并能根据别人的反应评估及改进自己的言语行为。外出务工父母及留守儿童对于语法规则有着基本的掌握，不存在较大问题，关键在于语言的具体使用环节。这在留守儿童身上有所体现，在作为成年人的外出务工父母身上同样有明显体现。显然，后者对于沟通效果的影响更大。这个问题主要表现在以下几个方面：

首先，外出务工父母对于留守儿童的关爱往往通过简单的叮嘱和命令式语气表达，这种方式将有损表达效果，换句话说，“好心不得好报”；其次，外出务工父母在沟通中较少介绍自己的状况，认为孩子不需要知道这些，而恰恰是对父母生活状况

① 〔英〕布伦特、约翰逊：《交际法语言教学（第一版）》，上海：外语教育出版社，2000年版，第198页。

的感知和想象能够让子女体验父母的难处；最后，深入话题的能力比较欠缺，据统计，外出务工父母与子女通话时间每次平均3分钟以下的占8.3%，5分钟以下的占23.5%，10分钟以下的占55.0%，这种较短的时间不足以保证话题深入，往往都是常规性、简单化的交流。

3. 语境化要求的忽视容易致使留守儿童的反感情绪

表3-12　留守儿童与外出务工父母日常沟通中反感的话题统计表（多选题）

选择项	频数	选项百分比	个案百分比
学习成绩	1905	27.4%	49.1%
在家听大人话	1335	19.2%	34.4%
人身安全	749	10.8%	19.3%
不能贪玩	1182	17.0%	30.5%
父母打工很辛苦	810	11.6%	20.9%
其他	128	1.8%	3.3%
没有	844	12.1%	21.8%
总计	6953	100.0%	179.3%

根据前文中的统计，过半的外出务工父母与留守儿童交流时，每次必谈的包括学习（考试）成绩、在家是否听话。而从表3-12可以看出，虽然有超过五分之一的留守儿童没有对父母日常沟通的话语产生反感情绪，但是近半数（49.1%）的留守儿童反感同父母谈学习成绩，34.4%的反感同父母谈“在家听大人话”的话题。该两项恰恰就是外出务工父母最愿意询问和交代的。

言语受到语法规则约束的同时，还与社会因素相关，更与当事各方所处社会结构、具体情境密切相关，这就是交际的语境化要求。语境化要求在不同会话场合、时间、人物关系中交流的内容和方式均应有一定变化。过频繁的交流某些固定话题，容易引起留守儿童的反感情绪及矛盾心理：一方面希望父母打电话过来，可以和父母说说话；另一方面又害怕，尤其是考试之后，担心父母询问这些信息。

4. 对留守儿童需求的误读致使外出务工父母不太注意会话策略

应该承认，外出务工父母了解留守儿童的学习情况、在家是否听话、饮食状况、人身安全、钱是否够用等等都是关心子女的表现，这些也是留守儿童本身就需要的。然而，常规性话题每次都说（而且几乎每次都是重点）、关爱的表达策略都不容易让留守儿童接受。

从表 3 – 13 可以看出，留守儿童最希望父母用表扬和鼓励的方式，与之交流心情状况、营养健康、学习方法、生活习惯的养成、人际交往的方法等方面的内容。这说明，留守儿童希望外出务工父母以平等的姿态，用赞赏和鼓励的语言与之交谈，多看孩子的优点和进步，多了解孩子的心情，多谈谈方法层面的内容。这些策略才是留守儿童能够接受的，双方才可以扮演“理想的言者”和“理想的闻者”① 的角色。

① Jandt，Fred E.（2003）. An Introduction to Intercultural Communication：Identities In A Global Community，London：Sage Publications. p. 111.

表3-13　留守儿童期望的沟通内容及方式统计表（多选题）

选择项	频数	选项百分比	个案百分比
学习的方法	1051	11.2%	27.1%
营养健康	1085	11.6%	27.9%
人身安全	800	8.5%	20.6%
表扬和鼓励	2555	27.2%	65.8%
我的心情	1717	18.3%	44.2%
人际交往的方法	873	9.3%	22.5%
生活习惯的养成	947	10.1%	24.4%
总计	9381	100.0%	241.5%

由于长时间在外务工，外出务工父母对留守儿童的教育主要通过电话联系的方式进行，这些日常沟通方式在沟通频率、内容和效果方面往往存在一定欠缺。儿童时期是身心发展的关键时期，个体的生理、认知和社会发展等许多最复杂的变化都发生在这一阶段，其发展的水平、速度和方向受到个性差异、遗传因素、社会生活条件和教育的影响，而最重要的影响则是来自父母。事实上，父母在外务工为留守儿童提供了较好的经济保障，许多留守儿童经济生活条件比同区域的其他儿童要好，但是由于父母缺位导致的隔代教育是摆在留守儿童人生发展面前的重大问题。这更加凸显了进城务工父母与留守儿童日常沟通的重要性。

综上所述，我们可以得出以下几点调查结论：

首先，从调查数据发现，仅父母一方外出务工的西部留守儿童占比42.6%，父母都在外务工的占比57.4%。西部留守儿童中，独生子女占比不到三分之一，非独生子女超过三分之二；子女较多一方面推动父母外出务工，一方面为西部留守儿童提供了近端支持。与留守儿童共同居住的成员中主要是奶奶、爷爷、父亲或母亲、兄弟姐妹，这些成员为留守儿童提供了基本生活照料，但是在学业辅导和心理慰藉等方面显得不足。

其次，从学校和学习情况来看，西部留守儿童多数对自己的学校较为满意，但认为学校环境较差。西部农村留守儿童热爱学习且学习成绩较好，认为自己学习“非常认真”和“比较认真”占83%，“讨厌学习”仅占1%；对自己的学习现状“满意”和“比较满意”占56%；农村留守儿童在学习上存在缺少关心和指导的情况，同时存在由于经济条件等原因缺乏学习资源的情况；多数留守儿童学习上遇到困难会向老师、同学求助，更多的学习指导和交流以及学习资源是留守儿童在学习上普遍的需求。

再次，从日常沟通的角度来看，外出务工父母与留守儿童日常沟通中存在的一般问题包括：较低的沟通频率影响留守儿童包容需要的满足、沟通方式单一化导致对留守儿童的过分控制、沟通内容功利化不足以满足留守儿童情感需求；其技术层面的问题包括：外出务工父母及留守儿童对语言交际原则的理解比较欠缺、语言交际能力总体较弱、对语境化要求的忽视导致留守儿童产生反感情绪、对留守儿童需求的误读致使外出务工父母不太注意会话策略。

最后，综合以上基本情况，课题组分析认为，西部留守儿童存在的基本需求包括：学业辅导、心理慰藉、沟通交流能力提升（外出务工父母也普遍缺乏这方面的能力）、主动向他人寻求帮助及资源链接能力。

第四章　农村留守儿童的“问题标签”和去标签化研究

当前，留守儿童问题已经成为全社会关注的焦点，学术界关于留守儿童的研究层出不穷。而一提到留守儿童大多都会联想到“问题儿童”，在潜意识里给留守儿童贴上了标签，以消极的态度看待整个留守儿童。他们普遍认为，留守儿童因为缺少父母在身边无微不至的照顾，从而造成自卑、焦躁等心理问题。当前，我国的很多留守儿童研究也是从悲观的角度探讨留守儿童在成长过程中表现出来的问题或者是遇到的困境，特别是心理和教育问题，从而给出建议。这些研究显然都忽视了留守儿童积极的主观能动创造性，忽视了留守儿童相较于非留守儿童拥有的优势资源。

儿童正是处于意志品格形成的关键时期，这一时期的他们由于思维能力发展的不成熟，很容易扩大自己的优点，却忽略自身存在的缺点，因而他们的自我认知不完善，意志力薄弱，缺乏主动性和独立性，做事情也缺乏毅力，不能持之以恒，很容易情绪化和受外界的干扰。留守儿童也不例外，他们也会出现或多或少的心理问题、行为偏差。任性、调皮、善变正是他们青春活力的体现。因此非常有必要对留守儿童进行去标签化研究，从优势视角的角度挖掘留守儿童的潜能，为留守儿童创造一个积极、和谐的成长环境。

一、农村留守儿童“问题标签”状况

课题组在调查过程中，对西部农村的教师、非留守儿童学生和一些在职、非在职社会人士开展了调查研究。在要求被调查者选择一个词形容对留守儿童的第一感觉时，36%的人选择了“心理不健康”，22%的人选择了“懂事”，选择“缺少家教”和“自强自立”的人各占17%，另有少数人选择了“勤劳勇敢”；对于留守儿童的在校表现，48%的人认为是“调皮捣蛋”，35%的人认为是“勤奋好学”；64%的人认为留守儿童在家会“主动做家务”，12%的人认为他们会“被迫做家务”，剩余24%的人认为他们“不会主动做家务”；80%的人认为留守儿童的“独立生活能力好”，剩余20%的人认为留守儿童的“独立生活能力一般”；87%的人认为留守儿童“更容易出现不良习惯”；大多数人认为留守儿童的不良行为更多表现在“沉迷网络、打架斗殴、小偷小摸和违法乱纪”（见图4－1）。

有52%的人认为留守儿童的人际交往一般，65%的人认为留守儿童在团队中会以自我为中心，仅有13%的人认为留守儿童在团队中会以讲究协作为主；69%的人认为留守儿童的自能能力好；83%的人认为留守儿童相较于非留守儿童更难管教；65%的人认为留守儿童在心理上普遍存在问题；48%的人认为留守儿童的主要问题是沉默寡言，26%的人认为是孤僻冷漠；

39%的人认为留守儿童的心理问题来源是留守在家，35%的人认为是缺乏必要的引导；52%的人认为留守儿童不应该给予特殊照顾；79%的人认为留守儿童一词已经带有贬义和歧视，觉得我们在生活中已经夸大了留守儿童的负面特征，认为留守儿童已经被贴上了“问题儿童”的标签；57%的人在对待留守儿童时会当成一般朋友，没什么特殊，44%的人会主动去接触、关心，如果有需要会给予帮助。

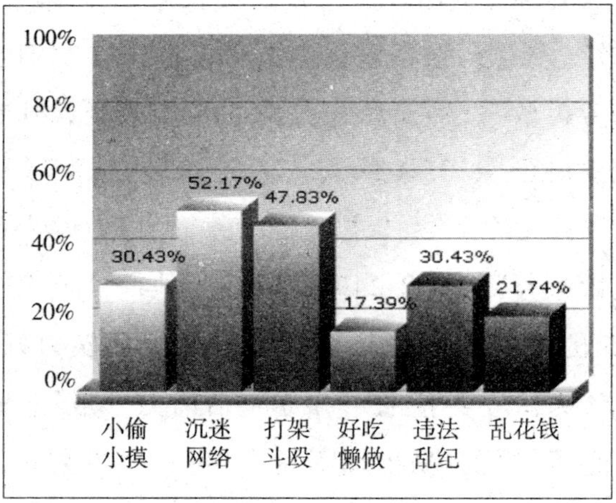

图4-1　留守儿童不良行为表现

1. 留守儿童标签化严重，标签以越轨行为和网络沉迷为主

由以上调查数据我们可以看出，当前社会大众已经普遍给留守儿童贴上了难管教、调皮捣蛋、打架斗殴等“问题儿童”的标签，在生活中他们的主观意识已经形成了对留守儿童负面、消极的印象。他们认为因为留守在家，缺乏必要的科学引导，留守儿童很容易出现不良的习惯。

2. 社会公众对留守儿童的“勤快”评价较高，留守儿童独立自主，大众评价较为一致

因为父母外出后，在生活方面，留守儿童照顾自己的能力越来越强。在个案访谈和小组观察中了解到留守儿童留守在家后变得更加勤快，不再像以前那样事事依赖父母，学会了做很多事情，会主动帮助大人做一些力所能及的家务活，比如在家里他们会自己洗衣服、洗碗、打扫卫生等。在留守的特殊背景下，留守儿童学会了独立自理，而大多数被调查者也认为留守儿童会主动承担家务，认为留守儿童是勤快的，独立生活的自理程度较高。

3. 社会大众对留守儿童标签化现象已有所觉察

在调查中，我们还发现大多数人已经开始意识到我们在生活中不经意的夸大了留守儿童的负面特征，给留守儿童贴上了带有歧视和贬义的标签。这说明我们的大众对留守儿童的标签化现象已经有所察觉，这样他们在面对留守儿童的时候还是能够保持一定清醒、客观的态度。

4. 留守儿童优势关注较少，大众仍未形成对留守儿童的优势关注

在调查中，我们选择了积极和消极的两组词汇让调查对象形容留守儿童的品质特征，积极词汇有：聪慧、活泼、乖巧、礼貌、可爱、善良、好学、勤奋；消极词汇有：懒惰、叛逆、自卑、退缩、无助、孤僻、厌学、违纪。通过调查我们发现，选择消极词汇的占大多数，尤其以自卑和孤僻为首，对留守儿童的积极评价相对少得多（见图 4－2）。而调查对象经常看到

或者听到的形容留守儿童的词语又以厌学逃学、抽烟喝酒和打架为主，说明我们社会大众对留守儿童的负面评价还很广泛（见图4－3）。

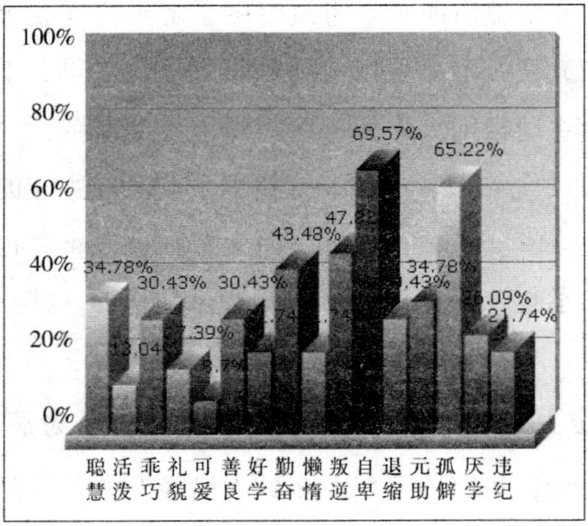

图4－2　对留守儿童的品质描述

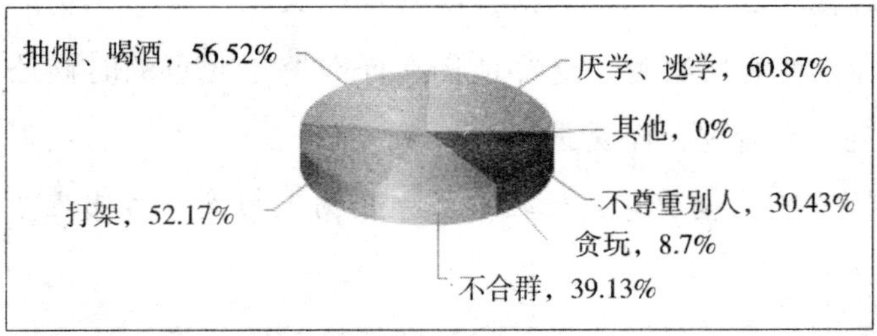

图4－3　调查对象经常看到或者听到的形容留守儿童的词语

（二）西部农村留守儿童存在的资源优势

根据问卷调查、小组访谈以及相关文献查阅，大多数留守儿童都认为自己的留守生活与留守前的生活并无明显区别。在优势视角的指导下，笔者发现留守儿童在“留守”这一特殊生活环境下成长，培养出了很多优秀的品格和素质。

1. 拥有更加积极的学习态度，更有责任感

留守儿童在父母离开自己，背井离乡打工挣钱只为给自己、给家庭提供一个更好的物质基础后，变得更加善解人意。他们能够感受到父母勤劳工作的辛苦，体会到父母抚养自己的那份不容易。他们更加珍惜自己来之不易的学习机会，在学习上更加勤奋刻苦，拥有更强烈的上进心，希望能以优异的学习成绩回报父母的无私付出，让父母欣慰。

2. 更强的自理能力，生活上更独立

由于父母到外面务工，身边缺少了父母无微不至的照顾，留守儿童在生活上的很多问题都要依靠自己的力量解决。除了缺少一些亲情的交流和关爱，他们更能在特殊的生长环境中锻炼自己独立自主的能力，克服了懒惰的恶习，在生活中他们学会了自己洗衣服、洗碗、打扫卫生甚至是做饭等自理能力。相较于非留守儿童，他们在生活上更独立。

3. 更坚强的心理特征

远水救不了近火，留守儿童在这句话上的认识远比非留守儿童深刻。在面对困难时首先想到的不是求助于远方的父母，而是学会了先想办法靠自己的力量解决。在挫折中，他们的抗打击能力显然比非留守儿童更高，在生活中表现得更加坚强、更有斗志。

4. 更良好的道德品质和行为习惯

考虑到父母在外打工的辛苦，留守儿童在其特殊的成长环

境中更容易养成勤俭节约、艰苦朴素、不盲目攀比的优良品质。在家庭中，他们学会了自己做决定，学会了热爱劳动，自己动手做家务的能力，表现出比同龄群体中非留守儿童更成熟稳重、更强的责任心的行为习惯。

5. 更容易获得成长所需的社会支持

因为父母不在身边，亲朋好友、邻居的关照自然要多一些，他们更能引起大家的关爱。看到留守儿童有困难，善良的人们总是希望能代替其父母在身边给予他们力所能及的帮助。加上留守儿童通过自身的学习、成长，在监护人的有效引导下，能够处理好身边各种人际交往关系，在成长过程中更容易从周围的关系网中获取自身需要的资源。

二、西部农村留守儿童被“标签化”的原因与影响

（一）农村留守儿童被“标签化”的原因

1. 研究学者的以偏概全

当前很多关于农村留守儿童的研究都是从问题视角出发，认为留守儿童孤僻冷漠、缺少家教、调皮捣蛋、打架斗殴甚至违法乱纪等。针对留守儿童缺乏父母在身边的陪伴成长的这一特殊生活背景，容易使他们产生不良的情绪，从而出现一些失范的行为。部分研究学者仅凭一些简单的问卷调查或者个案访谈便以偏概全地认为留守儿童在留守的过程中出现了心理问题、行为失范，默认留守儿童等同于“问题儿童”，将儿童时期出现的一些普遍的逆反心理、叛逆行为笼统的归结为留守儿童的特

有负面特征，甚至将这些问题夸大化，给留守儿童贴上“问题”的标签。

2. 社会大众的偏见

社会大众在观看电视对留守儿童的报道、翻阅相关留守儿童的文献、和旁人闲话家长里短的时候就很可能在脑海中形成留守儿童都会出现问题的印象。他们一部分人没有机会和留守儿童近距离接触，所以通过一些媒体或者和别人的交流中得出的关于留守儿童的消极印象也没办法让事实推翻，只好人云亦云。还有一些能和留守儿童接触的，因为之前在脑海中就形成了一些消极印象，在和留守儿童交往的时候难免有先入为主的思想。由于种种原因，社会大众在生活中难免给他们贴上了“问题”的标签。

3. 留守儿童家长和自身的怀疑

很多家长外出务工期间对将孩子独自留在家中抱有很深的内疚和歉意，他们自身就没有将心态摆好，觉得留守儿童是特殊的，孩子成为一名留守儿童会对他们的成长造成很大的困扰，孩子容易出现心理问题和行为偏差，在这样的心理下，他们便容易溺爱孩子，助长孩子不良情绪和行为的产生。而作为留守儿童自身，出于对自己留守这一特殊处境的敏感，在面对社会交往中的他人或者组织甚至父母的刻意关照下，总觉得自己是和别人不一样的，很容易对自己的能力和价值产生怀疑。这样一来，留守儿童的父母和自己就已经给自己贴上了“问题”标签了。

（二）农村留守儿童被“标签化”的影响

随着留守儿童规模的日益壮大，学者将留守儿童区分为一个整体的初衷是为了给予他们更多特殊的照顾，然而刻意强调留守儿童的独特性，容易将儿童发展过程中出现的普遍问题归结为留守儿童特有的问题。儿童在成长过程中本来就容易出现学习问题、人格问题以及一些行为偏差。很多学者只关注留守儿童，关注到一些留守儿童出现的成长问题，忽视了非留守儿童也会有出现类似问题的情况，便认为这是留守儿童特有的，这样人为的扩大留守儿童的消极特点，导致我国留守儿童被贴上“问题儿童”的标签，在一定程度上被标签化，对留守儿童造成了影响。

1. 加重心理负担，打击自信心

社会过分强调留守儿童存在的问题，会打击留守儿童原本脆弱的自信心，加重那些缺乏自信，本就自卑的儿童的心理负担，他们可能会因此缺乏与他人交往的勇气，丧失生活的目标，变得自闭，甚至会放弃之前构建的目标和奋斗的动力，自暴自弃。加上社会人士戴着“问题”的有色眼镜去观察甚至研究他们，很容易造成他们的困扰，使他们丢弃积极的自我评价，认可他人眼中“问题儿童”的消极评价，造成自我认识和自我定位的偏差，从而影响其实现自己生命的价值。

2. 造成社会偏见，影响个体社会化

不管儿童是不是自愿，在父母外出务工挣钱养家的时候他们就被贴上了“留守儿童”的标签。他们个体出现的一些特殊问题即被认为是整个群体所有的普遍特征。导致人们一提到留守儿童脑中第一时间便会不自觉的联想到“问题儿童”。在交往中，难免会用消极的态度对待他们，形成偏见。导致留守儿童在其社会化中受到歧视，影响个体的健康成长。

3. 导致留守儿童与其他社会交往群体间出现沟通障碍

留守儿童的标签化会导致他们在与同辈群体的交往、与老师的沟通、与家长的交流出现无法逾越的鸿沟，出现沟通障碍。因为本身儿童成长的心理是非常敏感的，在被社会标签化以后，他们的社会交往就更容易产生心理障碍，在交往过程中也容易产生退缩行为。缺乏积极主动有效的交流，会影响其获取成长发展所需要的各种资源和社会支持，最后还可能导致留守儿童将自己封闭起来，形成一个孤立的群体。

4. 容易产生“怨恨”情绪，出现越轨行为

由于留守儿童被贴上了“问题儿童”的标签，导致他们在成长过程中受到不公平的待遇，在委屈的时候有可能钻牛角尖，认为这一切都是父母不在身边、自己“留守”的情况才造成了社会对自己的歧视，这样的非理性情绪得不到及时有效科学的宣泄，便会产生怨恨父母、怨恨社会的情绪。这种怨恨情绪在留守儿童群体之间不断扩散，越演越烈便可能令他们的人生价值观发生偏差，继而出现行为偏差，甚至堕入犯罪深渊。

三、农村留守儿童“去标签化”对策及建议

（一）构造平等的成长环境，保持价值中立

解决留守儿童的“去标签化”问题，首先在面对留守儿童时，社会大众就应该保持价值中立，去掉我们的有色眼镜，去掉“问题儿童”的刻板印象。芝加哥大学的托尔主张个人的行为举止受到自己内在的心理因素和外部的环境情况的互相影响，他认为对人的解释要从“人在情境中”出发。“人在情境中”理论告诉我们，社会环境对个人的认知和成长有着巨大的影响作用，所以我们都应该为祖国未来的栋梁——留守儿童构造一个平等、和谐的成长环境，让他们在促进个人发展、面对成功时有一个公平的机会去向大众展示自己，让社会大众看到他们的闪光点，全面的了解他们。

（二）淡化差别，从特殊走向普通

不管是社会还是学校，我们都应该淡化留守儿童和非留守儿童之间的差别，不要刻意去区分这两个群体。或许之前有相关的福利制度将留守儿童区别出来，加以特殊的照顾，弥补他们缺少父母陪伴成长的遗憾，但这些福利制度在无意间就将我们的留守儿童孤立开来，加上一些媒体、学者对之“问题扩大化”后，我们的留守儿童很无辜的被社会贴上“问题化”的标签，为了避免出现这些问题给留守儿童成长带来困扰，我们就应该将留守儿童当成普通群体来对待，多和他们进行交流，及时了解他们内心的真实想法以及需求，在具体问题具体分析之后给他们提供恰当的

帮助。同时也要给广大留守儿童灌输人格平等的思想，让他们意识到不管父母在没在身边，自己和普通孩子的成长过程是一样，也许还会比同龄孩子优秀。让他们知道要对自己负责，用自己的实际行动告诉大家自己和非留守儿童是没有差别的。

（三）激发“问题”儿童的潜能，发现其优势

人们在日常生活中过分关注留守儿童的问题，以消极的态度解释留守儿童的行为，本身就给留守儿童贴上了“问题儿童”的标签。而作为一名社会工作者，我们在面对案主的时候首先要无条件的接纳他们，给予我们案主足够的尊重，表达我们的理解和支持，避免将案主定义为“问题儿童”。从优势视角来看，留守儿童所表现出来的坚强、独立、勤劳是他们特有的优势资源，他们身上的潜能是无限的，只要科学引导，帮助留守儿童发现自身的优势，并且能够合理的加以利用，在面对人生困境的时候他们便能发挥自己的主观能动性去改变现状，加上留守赋予在他们身上的坚强、独立、勤劳等优势，便能为他们的成功提供更多的机会。

（四）以积极的观点看待留守儿童，消除“留守儿童”消极的刻板印象

优势视角理论以其积极的观点指导社会大众去发现留守儿童身上的优点，走出传统的问题视角，可以避免将留守儿童的消极评价人为扩大化。留守儿童因为父母的远离，被迫独自生活，难免会出现一些消极行为，但作为一名正在成长的儿童，出现叛逆行为是在所难免的。优势视角可以帮助我们在面对留

守儿童的时候保持价值中立，能够平等、清醒的看待留守儿童，在面对对留守儿童负面评价的时候也能够保持客观的立场，避免人云亦云、人为扩大留守儿童的负面特征，消除社会大众脑中对留守儿童的“任性、孤僻、违法乱纪”等消极的刻板印象。

（五）建构新的生活方式，走出“问题儿童”阴影

在优势视角的指导下，我们能够科学的引导留守儿童打开心结，帮助他们树立积极良好的正面形象，重新在社会环境中得到与之相关的个人和组织的认可，减少乃至消除以往人们潜意识里对于留守儿童“问题化”的印象，从而使留守儿童重拾自信，走出“问题儿童”的阴影，树立远大的人生目标，构造出全新的积极的生活方式。优势视角让社会大众从一个全新的、阳光的角度出发，看到留守儿童的优点，能够更全面的认识留守儿童，给予他们更多的鼓励，让留守儿童在成长过程中能够得到一个公平的对待，面对成功的机会时也能够平等的参与竞争，生活在一个正常、和谐、温暖的环境中。

（六）坚持接纳原则，用优势视角关怀留守儿童

众所周知，社会工作者在开展服务时都必须坚持无条件的接纳，接纳和包容案主的一切。即使社会上对留守儿童的评价再消极，我们都应该坚持以接纳和尊重的态度，去关怀身边的留守儿童。在优势视角的指导下，我们竭尽所能的去开发和挖掘留守儿童的潜能，找出他们身上的优势资源，实现留守儿童的价值最大化。具体说来，我们可以从以下两个方面对留守儿童进行帮助。

1. 个案辅导，提高抗逆力

每个人在面对挫折的时候都会出现相应的条件反应，而抗逆力就是个人在面对逆境的时候出现的一种战斗能力。心理动力学理论认为个人的行为是因为巨大的内部能量刺激产生的，抗逆力正是留守儿童依靠自己力量解决困境的内部能量。当前的留守儿童都面临着扩大“问题”的标签化，导致他们在学习、生活的成长过程中难免会遇到一些不平等的对待，出现成长困境，这个时候我们尤其要培养儿童的抗逆力，增强留守儿童的心理承受能力。教会他们在面对问题时应该以积极的态度，通过激发自己的战斗力，充分发挥自己的主观能动性，用自己的努力去改变当前的困境，克服一切阻碍自己成长的困难，实现自己的目标。

个案工作是指社会工作者运用专业的方法，以一对一的形式对服务对象提供个别化的服务，意图帮助案主走出困境的一种社会工作专业方法。在面对留守儿童的时候，我们首先要站在留守儿童的角度看问题，充分了解留守儿童的情感世界。在服务过程中我们要接纳和尊重案主，通过一些真诚的自我披露，表达我们的同理心，在情感上得到留守儿童的共鸣，与他们建立良好的专业关系。在此基础上，我们利用优势视角，坚持让案主自决的原则，慢慢启发和鼓励留守儿童去挖掘自己身上能够用来解决当前困境的资源优势。在社工的支持下，让留守儿童充分的表达自己，并且帮助他们澄清自己思维中的非理性情绪，将科学的理性情绪表达给留守儿童，让留守儿童相信自己的潜能，充分发挥主观能动性去渡过生活中的困境，以提高自己的抗逆力。

2. 小组活动，增加个人权能

我们可以从社会和个体两个层面实现对留守儿童的增权。社会方面，在了解到留守儿童的需求后，帮助留守儿童分析当前所处的社会环境可以为他们的发展提供哪些支持，鼓励他们勇敢的去争取自己的合法利益和资源，勇于向不公平的待遇挑战，获得社会的支持。在个体方面，我们让留守儿童充分了解到自己身上的优点，可以配合开展小组活动，挖掘出自身促进成长的不竭动力。

小组工作是指社会工作者以群体或者组织为工作对象，运用社会工作专业方法为该团体的成员提供服务的一种社会工作基本方法。芝加哥大学的托尔认为，个人的行为举止受到自己内在的心理因素和外部的环境情况的互相影响，对人的解释要从“人在情境中”出发，所以优势视角这一理论优势带来的良好效果能够在小组活动中得到更加充分的体现。在小组活动中社工要充分引导留守儿童互相交流，逐步达成团体共识，找到团体归属感。另外，我们可以通过进行一些增强自信、挖掘潜能的游戏来提高留守儿童对本小组的兴趣，营造一种轻松、自由的环境，比如我们可以利用“优点轰炸”这个小游戏让小组成员互相发现彼此身上的优点，不仅可以让他们善于发现别人的优点并且及时给予赞赏，还可以让他们通过成员的夸奖更全面的认识自己的潜能，提高自信心，在遇到挫折的时候看到自己的优点，也可以增加留守儿童的个人权能。当然，我们还可以通过一些讨论，让小组成员畅所欲言，培养他们的团队合作意识，强化留守儿童对自身优势的理解和运用。

第五章　灾区农村留守儿童生命教育学校社工实务

一、生命教育及其对农村留守儿童的影响

人力资源与社会保障部中国就业培训技术指导中心于2012年5月推出的职业培训课程《生命教育导师》中指出“生命教育课程是一项直面生命和人的生死问题的教育，其目标在于使人们学会尊重生命、理解生命的意义以及生命与天人物我之间的关系，学会积极的生存、健康的生活与独立的发展，并通过彼此间对生命的呵护、记录、感恩和分享，由此获得身心灵的和谐，事业成功，生活幸福，从而实现自我生命的最大价值。”① 生命教育有着四十多年的历史，最早起源于美国，它是针对青少年自杀、吸毒、破坏自然环境、浪费等现象而提出的，随后传到全世界。在中国内陆地区，生命教育只有二十多年的发展历程，它最初只是学校教育的一部分，到2012年才全面走向家庭、社区和企业，得到了社会各方面的关注。国内关于生命教育的研究最先开始于台湾地区，研究者们多是从教育与生命的

① 王北生：《生命的畅想》，北京：中国社会科学出版社，2004年版。

内在关联角度出发，对生命教育的内涵、价值、目标、内容和实施等都作了多层次、多维度的探讨，并且将其与安全教育、健康教育等关涉生死的教育进行了对比，验证了生命教育在人的整个生命历程中起着重要作用。

每一次生命活动的质量都影响着整个生命过程的质量，因此我们要给予每一次生命活动更多的关怀。农村留守儿童正处于生命成长与发展的关键时期，他们现在的生命活动对其今后整个人生都会产生非常重要的作用，这将影响着农村留守儿童的自尊、人格、自信心以及他们对外界的态度和行为；另外，农村留守儿童所接受的都是传统的应试教育，再加之其父母都忙于生计，对农村留守儿童的成长教育较少，导致不少农村留守儿童在日常生活当中做出这样或那样的偏差行为，不利于他们心智的健康发展，更会影响到他们今后人生道路的走向。生命教育影响着农村留守儿童健康人格的塑造、自尊的提升、自信心的增强以及偏差行为的矫正等，通过生命教育课程，可以帮助农村留守儿童更好地更正确地认识自己，教育他们学会与自己相处，与他人相处，与社会相处，丰富生命活动，提升生命价值，从而减少社会问题，为社会提供更多更优秀的人才。

生命教育涉及人的生命的各个方面，其最终目标是让每一个农村留守儿童都成为我自己，都实现我之为我的生命价值，所以农村留守儿童的人格特点、心理健康和人际交往能力、自尊发展的特点等都是本次研究的内容，另外，课题组采用小组工作的方法对农村留守儿童开展一堂生命教育课程，其中行动者（学校社会工作者）与服务对象（农村留守儿童）之间的互动过程、共同实践也都属于研究内容。

课题组试图通过学校社会工作实务开展，探讨一种更适合农村留守儿童自身特点的生命教育方式，以弥补学校教育的不足，帮助农村留守儿童更好地适应城市的生活，发掘自身的优势和长处，展现农村留守儿童生命中的爱和亮点，因此这也是本次研究的一项主要内容。

二、生命教育学校社会工作实务的前期工作

（一）生命教育小组成立的背景

课题组成员于 2012 年 9 – 10 月组织开展了 XW 县 SH 镇 HY 小学“留守儿童之家”项目点的驻校服务工作。根据留守儿童之家援建项目工作安排及要求，每小组要在为期一个月的服务时间内完成两个小组工作任务（不少于四节），分别为：生命教育小组（人与己、个人与他人、个人与环境和个人与社会的关系四个方面开展）、人际交往小组（着重于与同辈群体的交往和与父辈群体的交往）。并做好前测、后测问卷以供评估小组了解效果；经过小组讨论后，决定由笔者负责其中的生命教育小组。

（二）小组成员大致情况

关于服务对象的选取方法，首先，课题组将服务对象的年龄定位在 8—15 岁，因为据课题组考察，本次研究所选择的地点中，这一年龄段的农村留守儿童占多数，另外，这一年龄段的儿童已经具备独立的认知能力和判断能力，能够更好地融入到课题组所设计的活动中来，而且对活动效果也更具保障性。

其次，课题组采用的是滚雪球的方法来选取服务对象，先是取得部分小朋友的信任，然后再发动这一部分小朋友为本次研究提供更多的样本量，这样既能够有充足并具代表性的样本量，又可以节省研究者的许多时间和精力。

该小学地处偏远农村，人均收入低，很多父母选择外出务工，把孩子留给父母和亲戚照顾。根据我们从学校获取的资料，以及我们与老师的沟通、了解，该校每个班级中都或多或少的存在留守儿童。我们发现这些孩子或多或少均存在学习较差，自卑内向，厌学，不想到学校读书等问题。

为了扩大我们项目的影响，让更多的人了解社会工作者，同时也让更多的孩子享受到我们的服务，经过讨论之后，我们决定采用开放式的小组形式，而没有采用封闭式。在活动开始之前，只要填写了我们的报名表，就可以参加。还有部分受我们活动影响，而在中途希望加入小组时，社会工作者也会根据具体情况决定他们加入与否。因此，小组的成员每次都处于变动之中。可能是出于对小组的喜爱或是其他原因，还是有部分成员参加了四次活动，在其中表现突出。

（三）服务开展的基本前提

本次研究的对象是HY学校留守儿童这一特殊群体，服务的内容是向农村留守儿童开展生命教育课程，采用的是小组工作方法，因此此次研究工作的基本前提有三点，一是保证服务对象的选取方法科学并且具有代表性；二是研究者对生命教育这一概念要理解清楚、理解透彻，课题组在开展工作之前便查阅了大量的文献材料和文字资料，充分理解了生命教育的概念以及它的发展历程、重要意义等，并且已经在绪论部分有所提及，课题组掌握的有关生命教育的资料足以支撑本次的研究工作；三是工作者对小组工作这一方法必须掌握纯熟，三年的理论知识的学习和实务经验的积累，使得课题组对小组工作这一方法已经运用得非常熟练，因此采用这一方法来展开本次的研究工作也是基于这样的前提条件之下。

三、生命教育的服务内容设计

本次研究采用的是小组工作方法，因此服务内容的设计理所当然就按照小组工作的要求来拟定，服务的内容主要以生命教育为主线，从“人与己”、“人与人”、“人与地”、“人与天”四个维度分别着手。按照生命教育理论，人的生命不是独立存在的，当一个人的生命出现问题时，会体现在不同的生命活动当中，如自我价值偏差、人际关系失衡、无法面对生活环境带来的冲突和压力以及不能从宏观上看待整个生命等，上述四个维度便是分别针对不同层次的生命活动而设计：“人与己”系列帮助孩子了解自我的价值，激发出自爱与被爱、自我尊重与被尊重的能力；在“人与人”系列中，孩子通过学习会发现每个人都同样重要、都有自己的价值，这使孩子们能够学会关爱他人、尊重他人，平衡人际关系；运用“人与地”系列帮助孩子看见万事万物的美好，体会生命的意义，并珍惜所有生命；而“人与天”系列则帮助孩子体会和认识自己与世界、宇宙的关系，面对未来怀抱期望，朝着生命蓝图前进。前三者包含了人格教育和环境教育。

（一）理论架构

1. 埃里克森的人格发展理论

人格心理学家埃里克森认为，青少年时期主要面临的问题和困惑是自我同一性，同一性混乱具体表现为自我认识不全面、不客观，自我目标不明确，自我与环境适应不良，由此导致了自我认识偏差、自卑、人际关系不良、生涯规划不明等一系列迷失性问题。因此这一阶段的主要发展任务就是要建立同一性和亲密关系，即帮助青年人认识自我、了解自我，思考自身角色和责任，以及自己与周围环境的关系，确认自己的正确位置和发展方向，从而使他们成为未来社会所需要的有理想、有文化、以及具有新型社会适应能力的人。

2. 社会学习理论

社会学习理论强调个人的行为是由个人与环境的交互作用决定的，人的大部分社会行为是通过观察别人、模仿别人而学会的。小组活动将为他们营造一个良好的交互环境，使他们在这个活动中通过观察、学习获得认知的改变，增强交往互助性，提升个人责任感和培养耐力和毅力。

3. 优势视角

“优势视角”（Strength Perspective）是一种关注人的内在力量和优势资源的视角，优势视角基于这样一种信念，即个人所具备的能力及其内部资源允许他们能够有效地应对生活中的挑战。优势视角相信人可以改变，每个人都有尊严和价值，都应该得到尊重，每个人都有自己解决问题的力量与资源，并具有在困难环境中生存下来的抗逆力，即便是处在困境中倍受压迫和折磨的个体，也具有他们自己从来都不曾知道的与生俱来的潜在优势。在小组工作中运用优势视角，可以有效地帮助农村留守儿童发掘自身的闪光点，帮助他们更好地融入到小组这个团体当中，做到既与自己和谐相处，又与其他组员和谐相处。

4. 小组工作理论

本次研究采用小组的方法来介入，帮助小组成员建立一个直接且真诚的交流平台，使农村留守儿童可以相互了解，彼此关爱。在小组工作中，研究者会强调人与人之间，人与团队之间，团队与团队之间的互动，协助组员通过互动游戏活动习得和增强人际交往的能力；同时，小组过程中会用正面增强的方法，鼓励小组成员打开自己，认识自己，和人友善相处，文明交际，爱人如己。

5. 生命教育理论

生命教育理论提出人的整个生命的质量是由每一次生命活动所决定的，要不断地给自己的生命活动赋予新的内容以充实生命的意义，提升生命的质量，要不断地发掘、培育和发挥自身的生命意义，其终极目标是最大限度地追求灵与肉、感性与理性的高度发展与和谐统一。此次研究工作秉承生命教育这一宗旨，借助小组工作方法，不断地给农村留守儿童的生命活动灌输正能量，帮助他们更好地与己、与人、与外界的万事万物和谐相处。

（二）服务目的

此次实务研究有两个目的，一是为农村留守儿童开展生命教育课程，帮助农村留守儿童学会与自己、与他人、与环境乃至与世界的和谐相处，丰富其生命活动，提升其生命质量；二是验证小组工作方法在农村留守儿童生命教育课程当中所起的推动作用。

（三）具体活动内容

课题组在前文已经介绍过了，本次服务内容依照生命教育的四个维度而设计，每个系列包括三节活动，总共是十二节，下面是每节活动内容。

◎第一节：认识自我

活动时间：60 分钟

活动目标：了解自我性格，认识自我价值

活动内容：

（1）热身游戏“水果大拼盘”（10 分钟）

（2）计划简介，订立小组契约，让小组成员表达对本次活动的期望（15 分钟）

（3）小组成员填写“我的性格魔法石”和“真的我”，认识自我（20 分钟）

（4）小组成员相互分享，加深了解，增进感情（15 分钟）

◎第二节：以长补短

活动时间：60 分钟

活动目标：发觉自身长处，接受自己的短处及限制，发掘潜能

活动内容：

（1）热身游戏“集体画手印”（5 分钟）

（2）回忆上节内容，分享活动后的感受（10分钟）

（3）分享自身成功和失败的经历，帮助成员意识到自己的能力（25分钟）

（4）小组成员在“手印”上写出自己的优缺点，学会以长补短（20分钟）

◎第三节：自我和谐

活动时间：60分钟

活动目标：让农村留守儿童学会自尊自爱自重，做到与自我和谐

活动内容：

（1）热身游戏“一席之地”（10分钟）

（2）回忆上节活动内容，简述本节活动（10分钟）

（3）填写自我和谐量表，了解自我和谐程度（25分钟）

（4）故事分享，帮助成员更好地做到与自我的和谐（15分钟）

◎第四节：与亲人和谐

活动时间：60分钟

活动目标：让组员学会懂事理，明是非，体谅父母

活动内容：

（1）热身游戏“抢板凳”（10分钟）

（2）组员画出“我的父亲母亲”，并且介绍给其他人认识（20分钟）

（3）分享父母为自己做的三件事，体会父母的爱（15分钟）

（4）组员讲述自己想为父母做的事情（10分钟）

（5）布置家庭作业，让组员为父母做一件有意义的事（5

分钟）

◎**第五节：与朋友和谐**

活动时间：60分钟

活动目标：让组员学会如何交朋友，交什么样的朋友，怎样与朋友相处

活动内容：

（1）分享上节活动布置的作业（10分钟）

（2）简述本节活动的内容（5分钟）

（3）介绍“五不交原则”，让组员学会谨慎交友，拒绝损友（15分钟）

（4）主题游戏“共同分担”，让组员明白朋友之间要互帮互助（25分钟）

（5）分享与小结（5分钟）

◎**第六节：与老师和谐**

活动时间：60分钟

活动目标：教会农村留守儿童尊师重道，谦虚有礼，鼓励其与老师交流沟通

活动内容：

（1）游戏“表情大王”（5分钟）

（2）组员讲述老师表情背后的故事（15分钟）

（3）尊师重道品质拍卖会（20分钟）

（4）分享如何才能做一个尊敬师长、谦虚有礼的学生（5分钟）

（5）指引组员谈谈好老师的特质，然后延伸深化主题（10

分钟）

（6）为老师制作卡片（5 分钟）

◎第七节：尊重自然

活动时间：60 分钟

活动目标：让组员学会与大自然为友，尊重和爱护自然的所有生命

活动内容：

（1）强调户外活动的安全性（5 分钟）

（2）热身游戏“大自然雕塑”（5 分钟）

（3）聆听自然，将自己的所见所闻记录下来并进行分享（25 分钟）

（4）垃圾大搜查，清理周边的垃圾，树立环保意识（15 分钟）

（5）“环保小天使”嘉奖会，深化主题（10 分钟）

◎第八节：低碳生活

活动时间：60 分钟

活动目标：教会农村留守儿童善用资源，保护地球

活动内容：

（1）播放短片“发烧的地球”，引入主题（20 分钟）

（2）低碳生活从细节开始，教授生活中的良好习惯（20 分钟）

（3）设计低碳生活标志，强化低碳概念（15 分钟）

（4）布置家庭作业，让组员回家进行低碳生活大调查（5 分钟）

◎第九节：持续发展

活动时间：60 分钟

活动目标：持之以恒，学会感恩，惜福，知足

活动内容：

（1）回顾上节活动内容，分享调查结果（10 分钟）

（2）游戏“斗长”，活跃气氛（5 分钟）

（3）制作环保墙，写下环保宣言（20 分钟）

（4）画棵心愿树，祝福大自然（20 分钟）

（5）对活动进行小结，并对组员提出期望（5 分钟）

◎第十节：我与世界

活动时间：50 分钟

活动目标：教育农村留守儿童去芜存菁，抵制不良诱惑

活动内容：

（1）热身游戏“打绳结”（5 分钟）

（2）分享几种身边存在的不良诱惑及其害处（10 分钟）

（3）教育组员认清网络，争做网络的主人而不是奴隶（15 分钟）

（4）讨论网络主人的指标并进行记录（10 分钟）

（5）组员写出自己的网络宣言（5 分钟）

（6）小结，再次强调如何正确利用网络（5 分钟）

◎第十一节：不做井底之蛙

活动时间：50 分钟

活动目标：教育农村留守儿童拓宽视野，进行多元化学习，全方位发展

活动内容：

（1）热身游戏“五角一块”（5 分钟）

（2）阐述当前社会对多元化人才的需求（5 分钟）

（3）主题游戏“保护鸡蛋”，培养组员多方位的思维能力（25 分钟）

（4）介绍多元智能理论（10 分钟）

（5）对本节活动内容进行小结，呼吁组员不要做井底之蛙（5 分钟）

◎第十二节：以梦为马

活动时间：60 分钟

活动目标：帮助组员制定梦想计划，鼓励组员为梦想而努力

活动内容：

（1）热身游戏“身上有炸药”（5 分钟）

（2）组员分享梦想，并画出自己的梦想金字塔（20 分钟）

（3）情景模拟，演绎自己的未来（20 分钟）

（4）回顾所有活动，处理离别情绪（15 分钟）

四、生命教育的小组工作服务过程与反思

此次实务探索囊括四个系列，每个系列按照小组工作的方式设计三次活动，因此，工作人员与农村留守儿童一共有十二次聚会，无论是从结构布局上还是内容设计方面，都与本次实务探索的宗旨紧密相连。这十二次活动严格按照小组工作的方法开展，工作人员与农村留守儿童之间建立了专业的小组关系，

按照之前的设计思路，对农村留守儿童应该进行前测和后测，但是由于活动涉及的内容包括太多方面，会影响前测和后测的准确性，因此，工作人员放弃了前测和后测，代之以在活动中进行观察和活动结束后的回访来对活动效果进行评估。

（一）活动记录

1. “人与己”系列

该系列包括第一节至第三节活动，在第一次聚会当中，由于这是工作人员与农村留守儿童的首次见面，所以刚开始时现场气氛比较僵硬，但是随着工作人员一番简单的自我介绍，并以游戏“水果大拼盘”的方式让成员相互认识过后，现场气氛便一下子活跃起来，成员之间也没有了刚开始的陌生感。随后工作人员将话题引入正轨，向成员们介绍本次活动的相关内容，并让大家一起订立小组契约。“我的性格魔法石”和“真的我”这两项内容是为了让成员们更好地认识自我，有一些内向胆小的小朋友刚开始不太愿意将真的我拿出来分享，但在社工和其他小朋友的鼓励之下，他们终于踏出第一步，将真实的自我呈现在大家面前。

第二节活动仍然以一场热身游戏拉开序幕，游戏过后，工作人员首先让大家回忆了上次的活动内容，然后再由工作人员牵头鼓励大家分享自己的优点和缺点，并且告诉大家每个人都不是完美的，都有着两面性，因此要正视自己的优缺点，学会发觉自身长处，接受自己的短处及限制。

第三节活动是最能体现“人与己”系列宗旨的，是该系列的一个升华点。活动一如既往地以一场活跃气氛的热身游戏开场，接着工作人员让每一位农村留守儿童填写一张自我和谐量表，以测试他们的自我和谐程度。测试结束之后，工作人员向农村留守儿童讲述了三个小故事，故事中的道理都是浅显易懂的，目的是让农村留守儿童更清楚地认识到自我和谐的重要意义，从他们的听后感来看，这一目的基本达到。

2. “人与人”系列

“人人”系列包括第四节至第六节活动，第四节活动是“与亲人和谐”，在热身游戏过后，工作人员让组员将自己父母的形象画出来，并且邀请他们上台将自己的父母介绍给大家认识，以此来了解农村留守儿童对父母的了解程度。从他们的介绍当中，工作人员发现有的农村留守儿童对自己父母了解得实在是太少了，就连父母平时喜欢吃的东西都不清楚，针对这一情况，工作人员告诉成员们平时要多关心父母，多做点力所能及的事情，为父母分忧减压。活动的最后，工作人员让农村留守儿童分享父母为自己做的三件事，并且要求他们回家后为父母做一件事，将做事的动机和过程都记录下来，待下次活动分享。

第五节活动“与朋友和谐”承接上次聚会，先分享了各自回家为父母做的事，再由工作人员向农村留守儿童解释朋友的概念，教会他们分辨良师益友与损友，解释“五不交”原则。本次活动的高潮部分是主题游戏“共同分担”，通过这个游戏，农村留守儿童明白了朋友之间要互帮互助，互相扶持，以游戏的方式进行教育，能让农村留守儿童更易接受，体会也更深刻，更能够达到活动的目的。

第六节活动“与老师和谐”按照常规路线，以一场热身游戏开始，暖场过后，便进入“一表情一故事”环节，工作人员首先让农村留守儿童画出几个记忆中老师留下的表情，然后选择其中一个表情说说这背后的故事。故事说完之后，工作人员为大家安排了一个拍卖会，拍卖的物品是尊师重道的品质，在这一环节大家表现得非常积极，纷纷把自己认为重要的物品拍到手，但是有的成员由于没沉住气，在开始时就把手上有限的资金用完了，导致后来由于资金问题而无法拍到更好的品质。借着拍卖会的余热，工作人员又让成员们谈一谈自己心目中的好老师，让他们分享各自心中好老师的评判标准。活动的最后，工作人员带领大家一起制作贺卡，将自己最衷心的祝福赠给最爱的老师。

3.“人与地”系列

第七节活动是教育农村留守儿童尊重自然，爱护自然生命，这次活动被安排在户外进行，安全是一个重要问题，因此，在活动正式开始之前，工作人员有必要一而再再而三地向所有成员强调安全的重要性。热身游戏过后，工作人员让大家围成一个圈坐下，用心感受自然，将自己看到的听到的都记录下来并相互分享，在这一环节，有个别成员破坏现场气氛，工作人员对其进行了惩罚，让他为大家表演节目，并告诉其他人要引以为戒，遵守小组契约。接下来，工作人员带领大家进行环保大搜查，号召大家一起动手拾起周边的垃圾，为了安全起见，工作人员限定了搜查范围。户外活动是一次冒险的尝试，所幸此次活动没有出现什么意外，最后，工作人员将大家安全地送回家。

第八节活动以一部短片开始，该短片讲述的是现代生活对地球造成的破坏，农村留守儿童看了之后感触颇深，纷纷呼吁要保护地球。接着，工作人员又向农村留守儿童解释了什么是低碳生活，如何做到低碳生活，农村留守儿童听了之后，都反省了自己过去的一些不好的生活习惯，并决心改掉这些习惯，做一个低碳环保的好儿童。为了强化农村留守儿童低碳生活的意识，工作人员让他们合作设计出一个低碳的标志，但是这项内容的难度可能有点超出他们的能力，导致最后的结果有些差强人意，这是工作人员的疏忽，在以后的工作中应该得到改进。活动的最后，工作人员给大家布置了一项任务——回家进行低碳生活调查，并发给大家调查表，待下次聚会时分享结果。

第九节活动以持续发展为主题，活动正式开始之前，工作人员先让大家分享了上次的调查结果，纠正了一些不低碳的行为，然后进入热身游戏，游戏过后，工作人员让组员画出一面环保墙，写上自己的环保宣言。接着，工作人员又让农村留守儿童画出一棵心愿树，将自己对大自然的祝福写在上面。

4. “人与天” 系列

第十节活动“我与世界”同样以一个热身游戏活跃气氛，按照设计好的流程，先让成员们说出身边存在的诱惑，自己是否曾为其心动过，有无接触过，待农村留守儿童说完之后，工作人员进行了简短的小结，并且提出网络这一最大诱惑，将话题引致网瘾这一方面。工作人员先向成员们介绍了网络的发展历程和网络的用处，告诉孩子们如何更有效地利用网络来发展自己，最后呼吁大家要做网络的主人，而不是奴隶。

第十一节活动“不做井底之蛙”，其目的是帮助农村留守儿童学会开拓眼界，增长见闻。活动仍旧以一场热身游戏开始，这么多次活动以来，成员们也参加了不少的热身游戏，因此积极性与参与度远不如刚开始的时候，但是也能起到活跃气氛的作用。游戏过后，工作人员就主题向农村留守儿童进行一番解说，接着便是本次活动的主要环节，为培养农村留守儿童的发散思维，工作人员设计了一项任务，即让所有成员自由分组，分别进行鸡蛋保护网的制作。工作人员将所需道具分发给各个组，然后他们便开始绞尽脑汁地思考制作方法，在工作人员的帮助下，有几个组已经成功地保护了鸡蛋。接着工作人员向农村留守儿童讲授了多元智能理论，让所有成员明白多元发展、发散思维的重要性。最后，工作人员对活动进行简短的小结，并带领成员们将现场打扫干净。

最后一节活动是以梦想为主题，工作人员希望借此活动鼓励农村留守儿童发觉生命意义，努力实现心中梦想。借着热身游戏“身上有炸药”，工作人员将话题引致梦想，告诉农村留守儿童梦想就像身上的气球一样，一不小心就有可能会破掉，因此我们要用心守护梦想，努力实现梦想。随后，工作人员便让每一位成员画出自己的梦想金字塔，并且邀请他们进行情景模拟，模拟自己如何实现梦想，以及自己变成了梦想中的角色之后最想做的事情。由于这是现场模拟，成员们没有什么准备，所以工作人员给他们留出一定的时间让他们商量、彩排。通过情景模拟，农村留守儿童更加坚定了自己的梦想，许多成员表示会坚持自己的梦想，并且为之而努力。

（二）小组评估

1. 小组结构

生命教育小组是一个成长小组，所招募的组员是八到十五岁的农村留守儿童，一共招募了十二名组员，从年龄上看，组员具有独立的认知能力和理解能力，因此能够更好地参与到小组活动当中；从数量上看，人数太少，不利于评估活动效果，人数太多，又会导致失控，十二名组员是比较合适的。小组每次聚会的时间控制在六十分钟以内，时间太长，有的组员就会显得不耐烦，进而扰乱秩序。聚会的地点设在村委会内，对于工作者和组员而言都非常便利且安全。

2. 活动的适切性

小组活动内容按照生命教育理念而设计，从生命教育的四个维度着手，一共有十二节活动，每节活动都有明确的目标，所设计的内容既符合生命教育这一主旨，又考虑到了农村留守儿童自身的需求和特殊性，游戏起到了很好的热身效果，互动环节和分享环节加深了组员的交流，增进了彼此之间的感情。

3. 小组目标是否达到

生命教育小组旨在通过小组工作的方法推动农村留守儿童学习与自己及外界的万事万物和谐相处，丰富生命活动，提升生命质量。研究者通过活动中的观察和活动后的回访发现组员在参加完活动之后都发生了显著的改变：对自我价值的认识更为清晰，能够正确看待自身的优缺点，做到以长补短，与自己和谐；学会了体谅父母、关心朋友、尊敬师长，人际关系进一步得到平衡；懂得尊重一切生命，爱护大自然，对未来充满期望等。生命教育任重而道远，并不是一朝一夕就能做到的，这次的活动也只是给农村留守儿童起一个引导作用，授予他们生命教育的理论，让他们在今后的生命活动中有意识地去丰富生命活动的内容，提升整个生命质量。

（三）服务活动总结与反思

在所有的活动结束之后，研究者对这次的实务也做了认真的总结与反思，生命教育小组有其成功之处，但是也有不少需要改进的地方。农村留守儿童由于自身的特殊性，小组活动中会出现这样那样的问题，但是本研究从优势视角出发去发掘农村留守儿童的潜能，让他们看到自己生命中的闪光点，增强其自尊心和自信心，期间生命教育理论和小组工作理论贯穿了整个研究过程，利用小组动力去推动农村留守儿童接受生命教育，学会如何丰富每一次生命活动，让自己的生命绽放光彩。在课程内容的设计上，研究者参考了《新东方生命教育双语绘本》，所设计的内容既紧扣生命教育这一主旨，又符合组员的年龄特征，实施起来易操作控制，但是整个课程的持续时间长，内容繁多，导致有的组员在后期的活动当中表现出了不耐烦的情绪，影响了活动的质量和效果。在每次活动的时间掌控上，有的环节预留的时间过长，而有的环节的时间过短，因此在前两节活动出现了冷场之后，工作者在之后的活动当中就没有严格遵照设计好的时间，而是根据实际情况来掌握活动的节奏。在小组互动方面，工作者有意识地朝着组员——组员模式发展，这样组员间的互动变得频繁，小组凝聚力不断得到增强。在整个小组当中，工作者只是扮演着引导者和教育者的角色，引导组员去发现自身的优势，去实现自己的梦想，教育组员尊重生命、爱护生命，做到与自己、与他人、与自然的和谐相处。

五、生命教育中的小组工作服务技巧及具体运用

1. 积极倾听技巧

在小组过程中，这是一件复杂的工作，因为小组工作者不仅要关心那个正在说话的人，还要注意小组的其他成员，这增加了小组工作者的倾听难度①。不要随意打断组员的话，因为这不仅显得不礼貌，将其处于一种尴尬的境地。而且还会打断组员的思路，造成组员思维上的混乱，会让组员感到紧张和不安。小组工作者应记得不能随便插话，即使组员提出相反意见，也不要急着去反驳、否定他，先要让他把话说完，然后说："对不起，我能打断一下吗？"先委婉的打断对方，接下来，发表你的意见。组员说法时，你可以发出"嗯，嗯"的声音，表示你在认真倾听或者表示理解："我理解你的心情。"或表示听明白了："我很明白你的意思。"或表示鼓励："你说得很对，可以接着继续说。"语言反馈还包括澄清；"你刚才说的话，意思是……"。

2. 反映技巧

反映是指小组工作者通过复述组员所表述的内容，来揭示背后隐藏的信息。② 小组工作者将沟通的要点反馈给组员，以便

---

① 吴霓：《农村留守儿童问题调研报告》，载《教育研究》2004 年第 10 期。

② 吴霓、丁杰、唐以志等：《农村留守儿童问题调研报告》，载《教育研究》2004 年第 10 期，第 53 页。

组员能检视自我，也让组员知道小组工作者了解他们的内心感受，有利于拉近小组工作者与组员的距离，推动小组发展。

在第二节活动结束后，我们向组员询问对本次活动的感受，某一位组员就说道刚才的的游戏很有趣，他玩的很开心，想继续玩。这时，其他组员也表示同意。组员似乎还沉浸在刚才的游戏环节，社工回答到："刚才和大家一起我也玩的很开心。（对组员感受给予回应）但如果继续玩游戏，就不能按时回家了，家里人会担心你们的。（解释他们继续玩会造成的后果）如果想玩游戏，那就来参加下一次活动。（吊胃口）"组员放弃了玩的打算，转身回家。

3. 组员构成技巧

在招募组员的过程中，小组工作者要注意控制好组员结构。社会工作者开办的小组活动，通常都设定有独特的目标。要想顺利实现小组目标，小组成员的构成非常重要。在成员组成方面，年龄最好不要相差太大，组员兴趣、期望最好大致相近，最好具有明显的同质性，主要表现在组员具有孤独、痛苦等共同的问题。

当组员发现其他组员与自己一样都面临着同样的问题，这会使组员感到庆幸，不致于过分悲伤。其次，拥有共同的话题，可增强组员之间沟通，有利于开展小组工作，能加速小组的发展。如果组员差别过大，既不利于组员之间的沟通，也会增加小组工作者管理的难度，加大其工作负担。

4. 澄清技巧

澄清是指小组工作者通过与组员之间的问答，使用某些方法使组员陈述的内容更加清楚的过程。从而帮助小组工作者掌握组员谈话背后隐含的信息，协助组员更具体、正确的表达意见，有利于对准问题解决的焦点。[①] 如果组员讲话含糊不清，小组工作者可通过说："你的意思是……"等方式，来澄清组员没讲清楚的内容。本次服务对象是三到六年纪的小学生，本身思维跳跃性大，讲话没有重心，经常从一个话题跑到另一个话题，小组工作者常常要花时间纠正他们。经常使用澄清技巧，能够加速小组进程。这样可以理清组员的思路，也可以掌握组员谈话背后所隐含的情绪及思考的本质。[②] 使用澄清的技巧，可以帮助组员速度整理出问题或困扰的焦点，然后对其问题进行有效地控制和引导。合理使用澄清技巧，有助于加强工作者与组员的关系。

5. 小组活动开展技巧

小组工作者不要过多的向组员推荐活动内容，出于小组工作者的信赖和威信，组员往往会顺从小组工作者安排，但这会忽略掉组员的声音。很有可能你推荐的内容，组员并不喜欢，但出于对小组工作者的尊重，他们也会勉强接受。但这对组员成长没有多大益处。[③] 长久下来，更不利于小组工作者与组员的沟通。让组员共同讨论，确定小组活动内容，这容易出现冷场

---

① 李金涛：《农村留守孩现象亟待关注》，载《中国改革（农村版）》2003 年第 6 期，第 49 – 50 页。

② 张贵华：《小组工作在贫困大学生群体中的以应用与反思》，载《社会工作》2011 年第 19 期，第 41 – 45 页。

③ 张和清：《援助治疗型社会小组工作技巧探析》，载《思想战线》2000 年第 1 期，第 131 – 134 页。

或各持己见，很有可能出现争执，从而导致伤了组员之间的和气。小组工作者要理性对待。社会工作者可以和小组组员共同讨论，设计小组活动。小组工作者应注意调动组员积极性，引导组员参加活动，协调处理好活动过程中的发生矛盾、冲突。小组活动结束后，小组工作者要引导组员表达对活动的感受，搜集对小组活动的意见，从而对小组活动做一个理性的评估。

6. 支持技巧

在第一次游戏环节，有位组员要接受唱歌的惩罚，因为他平时比较害羞、内向，他就以“我不会”作为借口，想逃脱惩罚。这时社工就对他说道：“××，通过平时和你的接触，一直觉得你是一个勇敢的孩子，小小的一首歌不会难倒你这个小男子汉。”（对他进行鼓励，表达支持）说完之后，走到他身边，拍拍他的肩膀。（再示支持）继续说：“××，加油，我们大家都相信你可以。”（再鼓励一次）在社会工作者的再三鼓励下，他终于回答说，我真的不会唱歌，但我会朗诵诗。最后，他红着小脸，给我们朗诵了一首诗。这过了之后，在后面的活动中，他都表现比较积极，社会工作者的支持起了很大的作用。

在小组成立之初，组员与组员相互不熟悉，组员就不会选择过多的暴露自己，他们会选择保守的活动。他们会竭力隐藏自己的不足，避免给别人留下不好的印象，小组工作者要在适当时机给予组员支持。就像刚才的组员，由于性格原因，他不想在其他组员面前过多的展示自己，就找借口逃避。这是一个好的介入契机，小组工作者综合运用语言、动作等支持技巧去鼓励他，最终使得他战胜了性格缺陷，同时也加深了与小组工作者、其他组员的联系，使他更好的融入到小组。在后面的活动中，他用更积极的表现回馈了小组工作者。

六、研究结论与讨论

研究结果表明，生命教育对农村留守儿童有着重要的影响作用，不仅影响着他们心理的健康发展，而且能够改变他们对生命的态度，帮助农村留守儿童树立正确的生命观。在回访过程中，许多农村留守儿童表示此次活动让他们得到了进步：首先，人变得更加开朗，更有自信；其次，生命教育课程教会了他们体谅父母，与人为善，合理地平衡人际关系；再次，农村留守儿童通过参加小组活动，低碳环保的概念得到增强，生活习惯得到改善，自律性、自觉性都提高了不少；最后，生命教育课程让农村留守儿童学会了尊重一切生命，并对未来充满希望。

另外，研究结果还表明，小组工作的介入能够有效地保证生命教育课程的实效性，首先小组工作不像学校教育那么生硬、单一，其内容丰富有趣、形式变化多端，符合农村留守儿童的特点，使得他们更容易从内心里接纳，使得活动效果更为显著。另外，小组动力能够有效地推动组员去接受生命教育，组员之间相互影响，共同成长，不断提升生命质量，小组凝聚力能够提高组员的参与度，使得组员对小组的归属感更为强烈，这些小组工作独有的特点保障了服务的效果和目标的实现。

提及农村留守儿童，多数人首先会想到他们身上存在的各种问题，如性格孤僻、行为偏差、缺乏自信心等，似乎社会已然对这一特殊群体贴上了“问题儿童”这一标签，这对农村留守儿童而言是不公平的，我们应该以优势视角去发现农村留守儿童身上的优点，发掘其生命中的闪光点，增强其自信心。生命教育对农村留守儿童的整个生命发展具有重要意义，它不仅能够帮助农村留守儿童去发现自身生命的亮点，而且能够教会他们尊重一切生命，做到与自己和外界的万事万物和谐相处，因此生命教育应该得到推广和重视。这次的实务研究只是对小组工作介入农村留守儿童生命教育的一个初步探索，旨在发掘出一种更适合农村留守儿童的生命教育方式，通过小组动力去影响农村留守儿童，使得他们在认知和行为上都有了重大的进步，但是要想将生命教育理念普及，发挥其最大功效，仅靠研究者的一己之力和这一次的活动是远远不够的，还需要各个家庭、学校和农村社区的共同参与。

第六章　西部农村留守儿童性教育的学校社会工作视角
——以四川省宜宾市为例

一、性教育问题的研究基础

（一）问题的提出

儿童性教育是关系到儿童身心发展的重要教育内容之一，而目前我国的儿童性教育的发展状况令人担忧。社会工作作为社会的润滑剂和福利输送体系，应该在儿童性教育领域发挥应有的作用。当前我国在社会工作视角下开展儿童性教育服务的体制机制还很不健全，将儿童性教育与学校社会工作相结合的研究文献和实务案例也是鲜有出现。事实上，农村中小学生（包括幼儿园儿童）青春期性教育是可供中小学校（包括幼儿园）常态化借鉴参考的服务内容与成果之一。因此，为探索学校社会工作视角下儿童性教育服务的路径，本课题以宜宾市为例，结合社会工作专业方法和宜宾市学校社会工作运作模式，尝试提出宜宾市社会工作机构介入 3 岁至 12 岁儿童性教育的学校社会工作服务模式。

（二）文献回顾

通过梳理我国有关儿童性教育的现有文献，我们发现，我国国民的儿童性教育的观念经历了一个由保守走向开放的过程。对儿童性教育内容的认识上，多数3～12岁儿童家庭不再将性教育理解为单纯的性知识学习，对性教育内涵的理解趋于全面，简单来讲是由生理层面的认识提升到了生理、心理和伦理道德层面。对儿童性教育实施主体的认识也由单纯的学校教育发展到了学校、家庭、社会共同参与①。对于儿童性教育策略问题，不少学者也提出了自己的观点，学者孙纪玲认为首先我们要转变陈旧的性观念，明确儿童性教育的重要性，要提高父母亲性知识与修养，要针对不同年龄的儿童实施不同内容的性教育，要加强对性教育教师队伍的培养，还要借鉴国外儿童性教育的经验②。学者李燕也分别从传统观念、父母的性认知程度、儿童性教育教师队伍和教材等方面予以分析提出了要转变传统性观念、加强父母性认知能力、加强儿童性教育教师队伍和教材建设等策略③。此外，林晶晶从转变教师性观念，顺其自然的对儿童进行性教育，培养儿童自我保护意识三个方面阐述了儿童性教育的策略④。但是真正从社会工作视角来探讨农村留守儿童性

---

① 吴建忠：《3～12岁儿童家庭性教育之我见》，载《教育基础研究》2010年第2期，第52－54页。

② 孙纪玲：《我国儿童性教育存在的问题与策略探究》，载《现代教育科学》2011年第2期，第47－48页。

③ 李燕：《儿童性教育发展的瓶颈及对策》，载《教育理论与实践》2008年第33期，第43－45页。

④ 林晶晶：《幼儿性心理与行为的发展及其教育方略》，载《安徽师范大学学报》2007年第6期，第735－737页。

教育的文献鲜有出现。

（三）研究方法与资料获得

本研究的分析单位是宜宾市 3 岁至 12 岁的农村留守儿童家长（监护人）和宜宾市社工机构。本研究采用定量研究方法，通过问卷调查获得数据资料，通过判断重演的方式获得调查样本。调查样本分为两部分，一部分是由宜宾市 210 名 3 岁至 12 岁的儿童家长（监护人）组成的，一部分是由宜宾市专业社工机构组成的。儿童家长（监护人）的调查样本是通过宜宾市的 6 所农村小学和 1 所幼儿园获得。我们以班为单位，从 6 所小学的一年级、三年级和六年级中分别抽取三个班，共六个班，获得调查样本 195 个，以此来代表宜宾市 6 岁到 12 岁的儿童；从 1 所幼儿园中抽取两个班，获得调查对象 50 位，以此代表宜宾市 3 岁到 5 岁的儿童。社工机构的调查样本是通过宜宾市专业社工机构的 45 位工作人员进行调查获得的。通过对这些调查对象的分析研究来窥探整个宜宾市的儿童性教育状况。

文章主要以问卷形式调查 6 所小学和 1 所幼儿园。对儿童家长或监护人的调查是通过将问卷发放学生手中，让学生带给家长或监护人填写，然后集中回收问卷。总共回收问卷 245 份，除去不合格问卷 35 份，总共获得有效问卷 210 份，有效回收率为 85.7%。对社工人员的调查主要集中于开展过留守儿童服务项目的 58 位社会工作人员，总共回收 45 份有效问卷，有效回收率为 77.6%。均属于高回收率，符合数据分析要求。然后利用 SPSS 数据分析软件进行分析，所得结果如下。

二、农村留守儿童性教育的现状及需求分析

（一）儿童性教育的现状

1. 家长或监护人对儿童性教育的基本态度和认识

从调查的结果来看，家长或监护人对儿童性教育的整体态度是偏向保守的，而且对性教育知识的了解是比较缺乏的，具体来说：

在儿童性教育基本态度方面。在受访者中，有六成的家长或监护人都没有主动关注过儿童性教育及其相关话题。如表 6－1 所示，有 30.0% 的受访者认为儿童性教育是必不可少的，有 67.6% 的受访者认为儿童性教育可有可无，还有 2.4% 的受访者认为没有必要。这反映出大部分家长或监护人对孩子的关注力度和教育投入力度都是非常少的。家长或监护人对儿童性教育认可程度如何的直接反应就是儿童接受性教育的经历程度如何。如表 6－2 所示，有 30.5% 的儿童接受过性教育，有 69.5% 的儿童没有接受过性教育，没有接受过性教育的儿童占绝大多数。这是一个危险的信号，有学者明确指出，儿童受不良遗传因素、环境和教育因素的影响，都可能发生返祖、停滞或偏离正常的发育状态，若不及时引导或纠正，就会导致性行为、性功能障碍或性心理异常①。

---

① 冯菁菁、徐秀：《儿童性心理早期发展》，载《中国儿童保健杂志》2007 年第 5 期，第 735－737 页。

表 6－1 家长或监护人对儿童性教育的认可程度

	选择频率	百分比	有效百分比	累计百分比
必不可少	63	30.0	30.0	30.0
可有可无	142	67.6	67.6	97.6
完全没有必要	5	2.4	2.4	100.0
合计	210	100.0	100.0	

表 6－2 是否有过性教育经历

	选择频率	百分比	有效百分比	累计百分比
是	64	30．5	30．5	30．5
否	146	69．5	69．5	100．0
合计	210	100．0	100．0	

家长是孩子的第一任老师，也是孩子最亲密的教育资源。从某种程度上讲，家长或监护人的受教育水平直接影响着孩子的受教育的水平。如表 6－3 所示，有超过 63.8% 的家长或监护人不知道怎样对儿童进行性教育，仅有 10.5% 的人明确表示知道怎样进行儿童性教育。

表 6－3 家长或监护人对儿童性教育方法和技巧的了解程度

	选择频率	百分比	有效百分比	累计百分比
知道	22	10.5	10.5	10.5
略知一点	54	25.7	25.7	36.2
不知道	134	63.8	63.8	100.0
合计	210	100.0	100.0	

目前我国儿童有接受义务教育的权利，这部分的费用是有政府承担的。性教育作为一项必不可少的教育内容同样也应该由政府承担主要的责任。表 6－4 反映的就是家长或监护人对谁该为儿童性教育承担主要责任。49.5% 的受访者表示儿童性教育的责任主要在教育部门，认为主要责任在政府或者家庭的分

别占 47.6% 和 2.9%。

表 6－4 你认识对儿童性教育的主要责任在于

	选择频率	百分比	有效百分比	累计百分比
政府性质的相关组织和部门	100	47.6	47.6	47.6
教育部门（如学校等）	104	49.5	49.5	97.1
家庭（监护人）	6	2.9	2.9	100.0
合计	210	100.0	100.0	

在儿童性教育需求程度方面。调查结果显示，仅有三成的孩子参加过专门的儿童性教育活动，但是他们对儿童性教育相关知识和养育技巧的需求却非常高。从表 6－5 可以看出，认为对儿童性教育相关知识和养育技巧“迫切需要”和“需要一些简单、有针对性的指导”的家长或监护人比例之和为 74.3%。这说明，虽然很多家长或监护人不知道怎样对儿童进行性教育，但是他们却对儿童性教育的需求相当强烈。

表 6－5 对儿童性教育知识和方式需求程度

	选择频率	百分比	有效百分比	累计百分比
迫切需要	86	41.0	41.0	41.0
需要一些简单或有针对性的指导	70	33.3	33.3	74.3
不需要	54	25.7	25.7	100.0
合计	210	100.0	100.0	

在对阻碍孩子接受性教育的主要因素的认识上。如表 6－6 所示，在受访者中，认为是因为观念不重视的个案比例占 100.0%，有学者指出，由于我国的传统文化影响，性一直处于

禁锢状态，因此人们常羞于谈性，耻于谈性[①]。认为是因为对性的错误认识的个案比例占73.3%，认为是因为孩子没有主动提出就没必要关注的个案百分比占71.0%，认为是因为自己缺乏性教育知识和方式的个案百分比占50.0%，认为性是因为难以启齿的，不应该与孩子谈起的个案比例是4.3%。而这四种认识都鲜明的代表着四种错误的性教育思想。此外，还有学者指出，缺乏教材和适宜的方式方法也是导致早期性教育不能顺利进行的原因之一。因此，编制适宜教材、摸索健康教育方法、培训家长（监护人）和教师、加强早期性教育重要性的宣传是实施儿童早期性教育的当务之急[②]。

表6-6 家长或监护人认为阻碍儿童性教育最主要的因素

		响应		个案百分比
		N	百分比	
阻碍儿童性教育最主要的因素[a]	观念不重视	210	33.5%	100.0%
	错误的性认识	154	24.6%	73.3%
	孩子没有主动提出，没必要关注	149	23.8%	71.0%
	羞于开口，认为性是难以启齿的，不应与孩子谈起	9	1.4%	4.3%
	自己性教育知识和方式的缺乏	105	16.7%	50.0%
合计		627	100.0%	298.6%

注：a 表示值为1时制表的二分组

在儿童性教育内容的认识方面。家长或监护人在对没有接受过性教育的儿童可能受到的影响回答是基本一致的，其中绝

① 李燕：《儿童性教育发展的瓶颈及对策》，载《教育理论与实践》2008年第33期，第43-45页。

② 吴细琦、孙晓勉、谢怡：《家长及教师对儿童早期性心理教育观念调查》，载《中国儿童保健杂志》2008年第10期。

大部分家长或监护人都认为没有接受过性教育的儿童可能会出现男女性别意识混乱、交往障碍、对性器官知之甚少、阻碍身心健康发展等问题。

表 6－7　孩子可以通过那些途径得到与性有关的知识

		响应		个案百分比
		N	百分比	
孩子可以通过那些途径得到与性有关的知识[a]	学校教育	210	22.7%	100.0%
	与父母的交流	210	22.7%	100.0%
	与他人交往	104	11.3%	49.5%
	影视作品	124	13.4%	59.0%
	大众媒体	94	10.2%	44.8%
	专业人士（如性专家、医生等）	182	19.7%	86.7%
合计		924	100.0%	440.0%

注：a 表示值为 1 时制表的二分组。

在回答孩子可以通过什么途径得到与性有关的知识的问题上，如表 6－7 所示，所有受访者都认为可以从学校教育或者与父母交流得到，其次，依次是从专业人士（性专家、医生等）、影视作品、与他人交往、大众媒体那里得到，个案百分比分别占 86.7%、59.0%、49.5%、44.8%。有学者归纳了通过家庭和学校对儿童进行性教育的具体方法。具体来说，家庭性教育的具体方法是在日常生活中随时对孩子进行性教育、正确对待和回答孩子提出的有关性方面的疑问、帮助孩子正确对待和处理性生理的发育。学校教育的具体方法是课堂讲授、指导阅读、专题讲座及咨询、集体讨论①。

① 刘明军：《小学生性教育初探》，载《改革与战略》2005 年第 1 期。

儿童性教育包括很多内容，有学者把儿童性教育的内容归纳为：了解性的自然性、动植物的繁衍，懂得与动植物和谐相处；了解男女外生殖器官的不同，学会正确名称，学习辨别性别；懂得不暴露和保护自己的性器官，懂得尊重隐私，学习生活的礼节；知道并喜欢自己的性别，了解异性的不同，懂得与他人和谐相处；了解家庭的功能，知道自己是爸爸和妈妈相爱以后生出来的①。本研究大致把儿童性教育做了以下分类：人体性器官特征和名称教育、男女性别在生理上的差别教育、生育的原理过程常识教育、夫妻关系和家庭成员的关系教育、认识性别和培养性别角色意识教育、身体（特别是性器官）的清洁卫生习惯教育、对身体特别部位的隐私意识教育、防止性侵害和疾病的自我保护意识和方式教育、与同伴交往方式的教育以及爱和自尊的人格教育。

从表6－8中可以看出，他们对儿童性教育内容的认识还停留在比较浅显的水平，所有受调查者都认为儿童性教育内容最主要的应该包括人体性器官特征和名称和男女性别在生理上的差别教育、生育的原理过程常识教育、夫妻关系和家庭成员的关系教育、身体性器官的清洁卫生习惯。认为最应该包括认识性别和培养性别角色意识的个案百分比占了98.6%，而对于对身体特别部位的隐私意识教育、防止性侵害和疾病的自我保护意识和方式教育、与同伴交往方式教育、爱和自尊的人格教育等较高层次的性教育内容的选择相对偏少。由此我们可以看出，大多数家长（监护人）对儿童性教育内容的认识还停留在浅层

① 林剑影：《学前教育专业幼儿性教育课程的目标、内容与实施要求》，载《学前教育研究》2012年第12期。

次水平，我们不否认对儿童进行诸如人体性器官特征与名称、身体（特别是性器官）的清洁卫生习惯认识性别、培养性别角色意识、男女性别在生理上的差别等方面的教育的基础作用，但是家长或监护人往往忽视了诸如防止性侵害和疾病的自我保护意识与方式、爱与自尊的人格教育的内容的重要性。还有学者指出，成功的性教育不只是单纯的生殖器官、生理过程和简单的道德教育，而更是要为孩子提供科学的性知识的同时，培养正确合理的性观念、性态度、积极维护儿童的性健康，帮助儿童在性方面做出正确的决策①。

表6-8　家长或监护人认为儿童性教育应该包括的内容

		响应		个案百分比
		N	百分比	
你认为儿童性教育包括哪些内容[a]	人体性器官特征、名称	210	13.7%	100.0%
	男女性别在生理上的差别	210	13.7%	100.0%
	生育的原理过程	210	13.7%	100.0%
	夫妻关系、家庭成员的关系	210	13.7%	100.0%
	认识性别、培养性别角色意识	207	13.5%	98.6%
	身体（特别是性器官）的清洁卫生习惯	210	13.7%	100.0%
	对身体特别部位的隐私意识	77	5.0%	36.7%
	防止性侵害、疾病的自我保护意识和方式	68	4.5%	32.4%
	与同伴交往方式	66	4.3%	31.4%
	爱、自尊的人格教育	60	3.9%	28.6%
合计		1528	100.0%	727.6%

注：a表示值为1时制表的二分组

① 刘明军：《小学生性教育初探》，载《改革与战略》2005年第1期。

2. 儿童的性好奇言行及家长或监护人应对方式

在我国，由于长期受到封建思想的禁锢，家长（监护人）和老师面对孩子提出的性问题，不能大胆地正面回答，要么采取回避的态度，要么采用欺骗的手段，编造故事搪塞了事，更有甚者训斥和打骂孩子①。从调查结果来看反应了这一观点，在受访者中，几乎所有的孩子都有出现与性好奇有关的言行。但是大部分家长（监护人）的应对方式却存在着严重的错误。如表6－9所示，对于孩子出现的性好奇言行，有28.1%的家长或监护人选择“冷处理”，即对孩子出现与性好奇有关的言行的时候的反映是觉得没什么、不知如何作答、感到尴尬、或者转移话题糊弄过去。此外，有高达45.2%的家长或监护人选择“暴力解决”，即通过用斥责甚至打骂的方式应对孩子出现的与性好奇有关的言行。仅有26.7%的家长或监护人选择用“合理方式”应对，即从科学的角度，用通俗的语言向孩子进行解释和耐心的劝导。由此我们可以看出，在错误观念影响下的一些家长或监护人，选择了错误的方式应对孩子的性好奇言行。很显然，家长或监护人的应对方式不但不能帮助孩子解除性好奇的焦虑，反倒更有可能给孩子传递出“性不能碰”的错误信息，给孩子造成“性恐惧”的心理障碍。从这个角度来讲，家长或监护人成为了阻碍儿童性教育的发展的主要因素之一。有学者指出，对于6岁以前的孩子性教育的教育者以父母为主，对孩子自然而天性的性活动进行引导，对孩子的性教育原则是“孩子有问，

① 金英：《也谈儿童早期性教育》，载《宿州教育学院学报》2007年第1期。

父母必答”。父母回答孩子性问题的原则是针对孩子的问题进行简洁明了的回答①。即要从科学的角度，用通俗的语言向孩子进行解释和耐心劝导。

表 6-9　家长或监护人对儿童与性有关的语言的反映

	频率	百分比	有效百分比	累计百分比
觉得没什么，不知如何做答，尴尬，转移话题，糊弄过去	59	28.1	28.1	28.1
从科学的角度，用通俗的语言向孩子进行解释和耐心劝导	56	26.7	26.7	54.8
难堪、斥责孩子不要问这样蹬问题，甚至打骂孩子	95	45.2	45.2	100.0
合计	210	100.0	100.0	

（二）对儿童性教育的需求分析

1. 对儿童性教育内容的需求

如表 6-10 所示，大部分受调查者都认为儿童性教育内容最应该包括人体性器官特征、名称和男女性别在生理上的差别，这两项的个案百分比分别占到 73.3% 和 56.2%。这些都是儿童性教育的基础内容，而对一些较高层次性教育需求的比例相对比较小。例如对爱与自尊的人格教育的选择的个案百分比仅占 6.2%。造成这一情况的原因之一是因为家长或监护人考虑到儿童的学习理解能力有限，在儿童阶段不太适合给孩子进行抽象内容的教育。同时，这些数据一方面说明家长或监护人对儿童

① 梁清：《对儿童性别教育的思考》，载《经营管理者》2010 年第 2 期。

性教育内容的认识是比较狭隘的，另一方面说明当前儿童性教育的层次比较低，紧紧停留在外显特征的教育上，对思想层面的教育非常少。这也启示我们在考虑到儿童接受能力的同时，还要适当地加深对儿童性教育的水平。

表 6－10　家长或监护人认为的儿童性教育最重要的内容

		响应		个案百分比
		N	百分比	
你认为儿童性教育最重要的内容是[a]	人体性器官特征、名称	154	24.4%	73.3%
	男女性别在生理上的差别	118	18.7%	56.2%
	生育的原理过程	5	.8%	2.4%
	认识性别、培养性别角色意识	77	12.2%	36.7%
	身体（特别是性器官）的清洁卫生习惯	93	14.8%	44.3%
	对身体特别部位的隐私意识	74	11.7%	35.2%
	防止性侵害、疾病的自我保护意识和方式	64	10.2%	30.5%
	与同伴交往方式	32	5.1%	15.2%
	爱、自尊的人格教育	13	2.1%	6.2%
合计		630	100.0%	300.0%

注：a 表示值为 1 时制表的二分组。

2. 对儿童性教育的相关选择

（1）家长（监护人）和孩子对接受性教育活动时间的选择

如表 6－11 所示，有 36.2% 的受访者选择在寒暑假的时候对孩子开展性教育活动，有 29.5% 的家长或监护人选择了在周六周日的时候对孩子开展性教育活动。而在家长或监护人方面，如表 6－12 所示，有 57.6% 的家长或监护人表示愿意在周末的时候接受性教育培训，愿意在工作日下午下班之后或大型节假日接受性教育培训的分别占 28.1% 和 14.3%。

表 6－11　最适合你的孩子参加性教育活动的

	频率	百分比	有效百分比	个案百分比
在学校上课的时候	46	21.9	21.9	21.9
周一到周五放学以后	26	12.4	12.4	34.3
周六与周末	62	29.5	29.5	63.8
寒暑假	76	36.2	36.2	100.0
合计	210	100.0	100.0	

表 6－12　家长（监护人）愿意接受儿童性教育培训的时间

	频率	百分比	有效百分比	个案百分比
周末	121	57.6	57.6	57.6
工作日下午下班之后	59	28.1	28.1	85.7
大型节假日（劳动节、国庆节等）	30	14.3	14.3	100.0
合计	210	100.0	100.0	

（2）对孩子开展性教育最佳时期的选择

如表 6－13 所示，有 47.1% 的受访者表示对儿童进行性教育的最适合的时期是学龄前期，大概是 3 岁到 6 岁。选择应该在学龄期（大概 7 岁到 12 岁）的占了 35%。而选择在其它时期对儿童进行性教育的比例很少。美国性信息和性教育协会玛丽考尔德伦博士强调，儿童阶段，特别是 5 岁以前性教育特别有效①。而我国学者吴曼丽指出儿童性教育应该尊重幼儿的年龄差异②。性教育应从 1 年级开始。小学 1～2 年级性教育内容涉及正确的性别认知、角色行为、性道德基础教育、关注对情感的培养和对感情的理解。3～4 年级的性教育内容是性生理。5～6

① 刘志梅：《浅谈幼儿性教育》，载《学前教育研究》1999 年第 6 期。
② 吴曼丽：《当前幼儿性教育存在的问题及对策》，载《研究与探索》2009 年第 3 期。

年级的性教育内容是性生理保健、性心理、性伦理及性道德①。总的来说，综合一些学者的观点，应该树立儿童性教育早期化的观念②。

表 6－13　你认为对孩子进行性教育的最佳时期是

	频率	百分比	有效百分比	个案百分比
幼儿期（1—3 岁）	32	15. 2	15. 2	15. 2
学龄前期（3—6 岁）	99	47. 1	47. 1	62. 4
学龄期（7—12 岁）	79	37. 6	37. 6	100. 0
合计	210	100. 0	100. 0	

（3）最适合对留守儿童进行性教育的人员选择

如表 6－14 所示，所有受访者都选择了专业性教育者，其次是选择自己和学校老师，个案百分比分别为 77. 1% 和 73. 3%，而选择心理师和与其他孩子的比例稍低。

（4）对孩子进行性教育的方式选择

如表 6－15 所示，所有受访者都认为通过做游戏或者玩玩具的方式对孩子进行儿童性教育比较合适，其次是选择通过看图画或动画等相关影视作品和参加性教育主题夏令营，个案百分比分别占了 71. 9% 和 50. 5%。而选择通过书本文字和参加性教育讲座的比例相对较少。由此可以看出，孩子们是偏向带有娱乐性和趣味性的学习方式。我们也应该在开展性教育的时候充分地考虑这一特点。此外，有学者提出，儿童天性敏感好奇，父母可以利用这一特征，用身边的各种现象生动而自然地进行

① 季成叶：《学校性教育的性质、目标和任务》，载《中国学校卫生》2005 年第 7 期。

② 李君：《关于儿童家庭性教育现状的审视与思考》，载《中华女子学院山东分院学报》2006 年第 2 期。

性教育①。家长或监护人可以把生活中的各种生动而自然的现象娱乐化和趣味化，以儿童更易接受的方式对其进行性教育。

表 6－14　你认为最适合对儿童进行性教育的人员是

		响应		个案百分比
		N	百分比	
你认为最适合对儿童进行性教育的时期是[a]	自己	162	22.8%	77.1%
	学校老师	154	21.7%	73.3%
	医生	132	18.6%	62.9%
	心理师	46	6.5%	21.9%
	专业性教育者	210	29.5%	100.0%
	其他孩子	7	1.0%	3.3%
合计		711	100.0%	338.6%

注：a 表示值为 1 时制表的二分组。

表 6－15　你认为通过什么方式对孩子进行性教育比较合适

		响应		个案百分比
		N	百分比	
你认为通过什么方式对孩子进行性教育比较合适[a]	通过书本文字	49	7.7%	23.3%
	通过看图画或动画等相关影视作品	151	23.7%	71.9%
	通过做游戏或者玩玩具	210	32.9%	100.0%
	通过扮演各种角色	22	3.4%	10.5%
	通过参加性教育专题讲座	2	0.3%	1.0%
	通过性教育主题的夏令营活动	106	16.6%	50.5%
	通过在有人引导下长期自然的与同类孩子一起玩耍	98	15.4%	46.7%
合计		638	100.0%	303.8%

注：a 表示值为 1 时制表的二分组。

---

① 袁晓松、刘苏星：《儿童少年年龄特征与性教育的内容及方法》，载《包头医学院学报》2004 年第 2 期。

三、当前社工机构介入儿童性教育的现状与成因

（一）社工机构介入儿童性教育的现状

1. 儿童性教育的供需矛盾突出

目前宜宾市社工机构不到10家，在社工机构受访的45位开展过农村留守儿童服务的工作者中，只有10位开展过儿童性教育服务，仅占22.2%的比例，大约每年累计为130人次的儿童提供专门的性教育服务。如此少的服务人次相对于整个宜宾市儿童人数来说是杯水车薪。

2. 浅层次的服务水平

社工机构的儿童性教育服务内容大多是人体性器官和名称、男女性别在生理上的差异、身体（特别是性器官）的清洁卫生习惯等浅层次方面，而极少涉及爱与自尊的人格教育等高层次的内容。而在性教育施教人员的选择上，多数是由专业社工或者志愿者承担儿童性教育的施教人员角色，很显然这些人员都存在着在性教育专业知识和方法上能力不足的问题。

3. 尚未形成完备的服务机制

目前，宜宾市戎和社会工作服务中心提供的儿童性教育服务仅仅存在于少数地区的服务项目中，尚未在全市范围内普及。在具体服务内容、服务方式、服务人员配置、服务成效评估标准等方面没有形成稳定而统一的标准。没有得到足够的政策重视，无具体法律法规支持。没有相关研究成果，无理论支持。

（二）对社工机构介入儿童性教育现状的成因分析

宜宾社工机构在儿童性教育领域存在着服务能力不足、服务内容层次浅、服务专业性不高等问题。我们可以从以下几个方面寻找原因：

1. 体制设施的原因

据了解，政府在设置服务项目招投标时，没有明确地将儿童性教育内容纳入其中，这就意味着当前靠政府提供服务资金的社工机构在儿童性教育领域是没有资金支持的。加之，绝大多数社工机构在开展工作的时候首先考虑的是完成招标时承诺的服务指标，一般不会花额外的钱去主动拓展其它服务领域，这让儿童性教育的发展更加困难。

2. 传统观念的影响

调查显示，所有受访者家长或监护人都认为阻碍儿童性教育发展的主要因素之一是观念不重视。而认为儿童是纯洁无性的个案百分比占 73.3%，认为孩子没有主动提出就没有必要给孩子进行性教育的个案百分比占了 71.0%。这些都是性认识被传统观念束缚的结果。一旦家长或监护人对性教育的观念偏向保守，那么直接受阻碍的就是自己孩子的性教育。

3. 社工机构的原因

目前宜宾市社会工作正处在起步时期，社会工作的专业化程度不高，服务领域分工不细，没有发展出专门的性教育领域，尤其是儿童性教育领域。此外，一些提供了儿童性教育的社工机构施教人员大多是社工或者其他志愿者，而真正精通儿童性教育的人很少，这就使得在教育水平上大打折扣了。

四、社工机构介入儿童性教育模式的构想

在对当前宜宾市儿童性教育的现状及需求分析和宜宾市社工机构介入儿童性教育的现状与成因分析的基础上，本文提出在社会工作视角下对儿童进行性教育的具体介入方式层面和制度设置层面的构想。

（一）具体介入方式的构想

我们将儿童性教育问题大致分为以下七类，即性别意识偏差、基本性知识缺乏、严重性言行错误、受过性伤害、家长或监护人性教育知识缺乏、家庭性观念错误、儿童性教育相关法律法规滞后。针对这七类问题不同特点，我们可以利用不同的社会工作专业方法进行干预，同时要把介入时间、不同阶段儿童的特点、其他合作人资源系统等因素考虑在内。

1. 个案社会工作层面的具体介入方式

针对那些在存在严重性言行错误、和遭受过性伤害的儿童，社会工作者可以优先考虑利用个案工作方法。工作者在解决此类问题的过程中尤其要做到对服务对象的尊重和接纳，这是工作者与服务对象建立专业的关系的基础，也是解决问题的最关键的环节。对开展个案的时间的选择要遵循服务对象方便原则。根据前面的分析，周末（特别是寒暑假的周末）是开展个案的最佳时间。当然，如果服务对象出现危机，需要危机介入的时候，我们可以根据具体情况灵活的安排开展个案的时间。由于

这类服务涉及到个人隐私等敏感内容，在介入的过程中要特别要注意对服务对象隐私的保护。此外，对遭受过性伤害的儿童进行心理疏导是非常必要的，一般来说心理咨询师在心理疏导方面相对比较专业，工作者可以与心理咨询师共同开展工作，或者将服务对象转介给其他有能力提供服务的专业机构或专业人士，而在此过程中需要特别注意的是尊重服务对象的自决权。

2. 小组社会工作层面的具体介入方式

对于性别意识偏差、基本性知识缺乏、家长或监护人性教育知识缺乏、家庭性观念错误等问题，可以采用小组工作的方法，小组成员可以是儿童或者儿童和家长或监护人一起。教育小组是比较适合的小组方式。工作者可以通过性教育知识专题讲座、性教育能力和技巧培训、成员之间性教育经验互动等具体方式引导小组成员性别意识和观念的转变、性教育知识的增加和性教育技巧的提升。

由于性教育涉及到很多专业知识，这要求小组工作者要具备必要的性教育知识。专业性教育者、学校老师和医生是家长（监护人）最愿意与之合作的人群，我们可以整合吸纳这些人力资源参与到儿童性教育小组中，利用各方面人才的专业能力为儿童性教育小组服务。

3. 社区社会工作层面的具体介入方式

针对家长或监护人性教育知识缺乏、家庭性观念错误的问题，工作者可以采用社区教育模式，对这一类家长（监护人）或者孩子进行补偿式教育，通过在社区开展广泛的社区宣传、社区课堂等活动向家长或监护人普及儿童性教育知识、清除传统性观念的束缚。社区是一个资源库，工作者要积极整合社区资源，与现有政府机构、民间组织、专家个人等合作，建立一个广泛而稳定的儿童性教育社会支持网络，利用社会的力量共同解决问题。

以一个儿童性教育知识竞赛的社区活动为例。首先，我们可以制作出专业儿童性教育宣传单页或小册子，在竞赛活动开始前几天发放到居民们手中，告知他们竞赛问题都来自这些宣传单页或者小册子，并以丰富的奖品吸引居民参与。此外，在竞赛过程中，工作者可以播放一些性教育宣传片，表演与性教育有关的情景剧等多种形式的方式丰富活动内容。

4. 社会工作行政与社会政策介入方式

目前，我国存在着儿童性教育相关法律法规滞后的问题。社会工作者是政府的伙伴群体，同时也是政府的压力群体。由于社会工作服务是具体的与服务对象面对面接触的，所以社会工作者能最快地了解服务对象的需求，同时也是能最深入了解。社会工作者可以利用团体的力量向政府倡导，要求或建议政府为儿童性教育提供法律法规和政策支持，以及为社工机构增设专门的儿童性教育资金预算，并通过适当的方式介入政府有关儿童性教育的具体政策的制定、实施与监督。

此外，作为社会福利的发送体系的社会工作更要扮演好政策执行者的角色，社工机构和社会工作者要积极而准确实施好政府现有的有关儿童性教育的政策，将属于儿童的权利与服务真正被儿童所享受。

5. 社会工作研究层面的介入方式

社会工作研究虽然不属于社会工作专业方法，但是它的作用我们不能忽视。通过社会工作研究发掘出儿童性教育的相关理论，有助于指导我们进行具体的儿童性教育的社会工作实践。广大社会工作者尤其是从事儿童性教育领域的社会工作者掌握着大量真实的儿童性教育的第一手资料。社会工作者应该扮演好研究者的角色，在做好实务工作的同时，也要做好理论研究工作。

社会工作行业在我国还处于起步阶段，本行业发展的好坏关系到提供的社会服务质量的好坏，也关系到广大民众应享受的社会福利的质量的高低。政府相关部门和社工机构应该本着促进本行业快速健康发展的责任感，为社会工作理论的研究提供一个良好的环境。政府相关部门和社工机构应该对在理论方面有突出贡献的社工机构或个人进行相应的奖励，以激发他们对理论研究的动力。

（二）制度设置层面的构想

从国际社会工作运作方式来看，一些典型的国家或地区，例如美国、香港等，都是坚持“政府主导，民间运作”的方式进行①。目前，宜宾市也是坚持的这一运作方式。政府通过设置社会工作岗位、开发服务项目、建立社会工作服务中心的方式为民众提供各种服务。儿童性教育也应该在这样的运作体制下

① 骆冰、向木杨、李夏飞：《宜宾市社会工作模式研究》，载《宜宾社会发展报告》，2009年，第95－107页。

进行。据此本文提出以下制度设置层面的构想

1. 农村留守儿童性教育的学校社会工作校外模式试点运行

就目前而言，西部农村地区普遍没有建立“一校一社工”制度。因此，农村留守儿童性教育的学校社会工作校外模式试点运行是一种可取的做法，即由校外专业机构提供专门化的社会工作人员，通过政府购买服务的方式委托专业社会工作机构开展农村留守儿童性教育服务，可针对不同年龄阶段的农村留守儿童的身心特点选择开展相应的性教育服务。

2. 建立社会工作服务领域创新的奖励机制

随着社会的变化，社会问题的复杂化和社会的进步，社会工作的服务对象也在不断的扩大，正在由补救性、治疗性向治疗与预防、补救与发展结合的方向发展①。社会工作行业要想在社会中引起更大的影响和发挥更大的作用，必须要不断的创新。这种创新不仅指实务领域的创新，也是指理论层面的创新。社会工作应该敏锐地抓住机会，促使社会工作确立在儿童性教育服务领域和理论层面的地位。同时，政府相关的奖励机制要不断的健全，对个人要在物质和精神方面予以必要的奖励，对社工机构要在社会服务项目服务权获得方面要给予相应的照顾。

3. 设立儿童性教育的专项资金

大部分民众认为儿童性教育的主要责任在政府，政府必须要在儿童性教育领域有所作为。我国社会工作处在起步阶段，社会工作行业的发展要靠政府支持，其中政府支持的资金是社

① 王思斌：《社会工作导论》，北京：高等教育出版社，2004年版。

会工作生存的最主要力量。而资金不足是阻碍儿童性教育发展的主要因素之一，政府要担负起儿童性教育的主要责任，就要通过加大对儿童性教育的专项财政投入来支持社工机构在儿童性教育服务领域发挥作用，并用法律法规的形式对此做出明确的规定。此外，各类基金会也可以在儿童性教育领域设立专项资助基金。

4. 加大在法律法规和政策层面的支持

政府可以通过立法的形式把儿童性教育纳入法律保护的范围，让接受性教育成为儿童的一项基本的教育权利。再通过出台相关政策规范儿童性教育的相关具体内容，如教育时间、学时、内容、具体教育方式、责任单位、成效评估机制等。

以学校儿童性教育为例。在学校教学课程中设置专门的儿童性教育内容，并由社工承担主要教育任务，对学校儿童性教育质量的高低承担主要责任，性教育的课程设置由社工和相关专家共同商定，不由学校规定，学校的专业老师承担性教育的辅助任务。社工不能纳入学校的管理体制中，而是独立的，以避免社工被学校管理体制所支配，而丧失应有的专业价值。学校要为社工在开展工作的过程中提供硬件设施和其它便利条件。

5. 引入市场竞争机制，探索“窄、精、高”的发展方向

引入市场竞争机制，探索“窄服务方向、精专业技术、高服务水平”的发展方向。所谓窄，是指窄服务方向，社工机构应该把有限的资金投入较窄的服务领域，争取在某一服务领域做精做强。所谓精，是指精专业技术，目前社工机构面临着专业技术不够精的困境，社工机构应该加大专业技术的探索，其

中，发展本地社工督导，引入香港或发达地区社工督导是一条可行之路。所谓高，是指高服务水平，高服务水平是建立在窄服务领域和精专业技术之上的。对于刚起步的社会工作行业，只有向政府和民众展现出高服务水平才能等到政府和民众的认可，社工行业才能在本土立足。目前，宜宾社工队伍开始发展起来，但是目前宜宾社工机构的专业化程度和领域分工程度还不是很高。引入市场竞争机制之后，四川省各社工机构必然会考虑到缩小本机构的服务领域，从而集中财力和人力在某一领域中实现重点突破，做出特色，提供服务水平，这是社会工作行业的发展方向，同时也是各个社会工作机构获得持续生存能力的必然选择。

6. 将儿童性教育服务纳入社会服务项目的招投标和评估体系中

在社会工作的发展还严重依赖政府支持的体制机制下，政府的政策导向对社会工作行业具有几乎完全的导向作用。目前，宜宾市社会工作服务项目的招投标内容中没有专门设置针对儿童提供性教育服务的指标。因此，政府若把儿童性教育服务作为服务项目的指标之一，那么社工机构就将会有最大的积极性和责任感从事儿童性教育服务。具体来说，政府可以通过三种形式引领儿童性教育：将儿童性教育服务指标派摊给可以进行儿童性教育服务的岗位社工；设置专门的儿童性教育服务项目，并通过招投标的形式将服务权给有能力的社工机构；在综合性的社区服务中心的工作中设立儿童性教育服务指标，规定每年最少的服务人次、服务时间、服务内容等。政府相关部门要在服务的过程中对服务质量进行有效的监督和评估。

7. 通过设置社工岗位、项目、社区服务中心提供儿童性教育服务

近几年来，宜宾市的社会工作服务形式经历一个不断发展与创新的过程，由最初的设置社工岗位到设置服务项目，今后还应设立社区服务中心，形成岗位社工、项目社工、社区服务中心三种形式的服务方式。而这些服务形式依然可以用在儿童性教育领域。

学校是儿童接受教育的主要场所，政府可以通过政策性规定在学校设置从事性教育服务的专职社工岗位，并把性教育纳入学校教育体系中。但是，这样的岗位社工设置也有其缺陷，例如过渡行政化，边缘化，流于形式等，这就需要通过选拔具有高职业素质和职业精神的社工和严格的评估机制等措施来解决。

据了解，目前，宜宾还没有针对儿童性教育设置专门的服务项目，政府可以通过购买服务的方式，向社工机构征集服务方案，并通过招投标的形式把项目给社工机构具体实施。通过项目进行的儿童性教育服务一定要体现服务项目的专门性，社工机构要根据服务规模、服务内容、服务时间、服务质量等需要配备专职社工和医生、心理咨询师、专业性教育者等相关辅助人员。

设立社区服务中心应当是今后宜宾市社会工作发展的主流方式，也会是我国整个社会工作发展的必然趋势。社区服务中心承担着为社区居民提供综合性服务的任务。目前，一般来说，

宜宾市社区服务中心的服务内容大致可以分为老年人服务、外来人口服务、残疾人服务、家庭服务、妇女儿童服务、青少年服务和社区组织孵化等内容。儿童性教育服务可以通过融入到妇女儿童服务领域中，由社区服务中心指派专门社工负责，也可以单独分离出来，形成一个专门的服务领域。

8. 建立宣传长效机制，逐渐转变或清除传统性观念

建立儿童性教育宣传长效机制，逐渐转变或清除存在于家长（监护人）和社会中的传统性观念。儿童性教育发展的主要阻碍之一是传统性观念，尤其是家长（监护人）的传统观念。因此对传统性观念的改造是一项不可避免的工作。社区服务中心可以通过链接和整合社区居民、社区工作站、社区居委会、学校、各种协会或组织、小区物业公司等资源，在社区内开展广泛而深入的宣传活动、建立居民性教育自主协会、设置社区学校性教育课程等方式逐渐转变传统的性观念，但是，社工机构要清楚的意识到一种观念的改变不是一朝一夕的工作，必须要通过长期的努力，并且建立长期而稳定的宣传机制。

综合以上分析，一方面，我们发现当前宜宾市儿童家长（监护人）对儿童性教育是持相对保守观念的，对儿童性教育内容的认识缺乏深度，大多数家长（监护人）对儿童性教育技能非常欠缺，但是他们却对儿童性教育的需求非常强烈。另一方面，在社会传统观念、体制设置和社工机构自身原因共同影响下，宜宾市专业社工机构在儿童性教育领域的服务投入力度和服务质量不容乐观，这就造成了严重的供需矛盾。此外，社工机构在儿童性教育服务领域的实务能力和理论水平方面都相对

滞后。为此，本文从具体介入层面提出了个案、小组、社区、社会行政与社会政策、社会工作研究五个介入视角。从制度设置层面也提出了建立社工服务领域的创新奖励机制；设立儿童性教育专项资金；加大法律法规和政策层面的支持；完善市场竞争机制和探索，探索“窄、精、高”的发展方向；将儿童性教育服务纳入社会服务项目的招投标体系；通过社工岗位、项目、社区服务中心提供专门的儿童性教育；建立逐渐转变或清除传统性观念的长效宣传机制七个介入视角，希望为宜宾市社工机构介入儿童性教育提供有价值的参考。

另外，本文也存在不足的地方。针对家长（监护人）的调查样本是通过判断抽样的方式得到的，210 个调查样本均来自 6 所小学和 1 所幼儿园，所以存在着代表性相对不足的问题，无法准确代表整个宜宾市，乃至西部农村留守儿童家长（监护人）的态度。此外，本调查没有涉及到残疾儿童、失学或辍学儿童。

第七章　寄宿留守儿童的学校社会工作服务体系探究

一、寄宿留守儿童问题研究背景

20 世纪 90 年代以来，由于农民工规模不断扩大、城市农民工子女学校兴起以及计划生育等原因，我国农村地区的中小学出现生源不足，教学点规模小、设施差，教学质量不断下降等问题。而当时解决这一问题的主要方法则是通过撤点并校、建设农村寄宿制学校等。

“撤点并校”是上世纪末就已存在、本世纪初正式开始的一场对全国农村中小学重新布局的“教育改革”。具体而言，就是大量撤销农村原有的中小学，使学生集中到部分城镇学校。从数据上看，1997 年至 2016 年，全国撤销小学约 44.52 万所，其中农村超 30 万所，约占总数的 70%①。虽然它的出发点是为了解决义务教育推广过程中出现的学校布局分散，乡村教师素质参差不齐、经费紧缺等带来的教育资源浪费，教学质量低下，教学点设施差等问题，也在整合教育资源、提高教学质量、降

① 详见《1997 年全国教育事业发展统计公报》（1998 年公布）和《2016 年全国教育事业发展统计公报》（2017 年公布）。

低政府的负担，从而在全国范围推广义务教育上产生积极作用。但也存在不足之处：一方面体现为增加农村学生的教育成本（因撤点并校而产生的住宿费、交通费等）；另一方面则体现为城镇学校人满为患（出现巨型班级、巨型学校）、办学条件下降、农村教学点校舍闲置等问题。

因此，为解决上述问题，政府开始大力提倡兴办寄宿制学校。从2001年开始，到2004年强调“以实施‘农村寄宿制学校建设工程’为突破口，加强西部农村初中、小学建设”①，再到2010年要求“加快农村寄宿制学校建设，优先满足留守儿童住宿需要”②，再到2016年提出“加强农村寄宿制学校建设，促进寄宿制学校合理分布，满足农村留守儿童入学需求”③。为此，中央投入数百亿，在优化我国农村教育资源的配置、促进城乡教育的均衡发展、扩大“两基”攻坚县义务教育规模、保证西部地区学龄儿童正常入学并完成义务教育等方面取得了良好效果。

但同时也因此而产生了一些新的问题：截至2015年年底，我国农村地区（镇区+乡村）义务教育阶段寄宿学生达到2636.5万，其中西部农村地区初中寄宿生比例高达67.1%④。而且其中还存在或出现寄宿条件差、学生因长期住校而缺乏家庭情感呵护和低龄寄宿等问题。因此，如何巧妙地解决这一大规模群体所面临的问题又是我国社会和学界一个新的难题。

综上所述，寄宿制学校的推广对于服务留守儿童具有重大

① 详见《2003年－2007年教育振兴行动计划》。
② 详见《国家中长期教育改革和发展规划纲要（2010～2020）》。
③ 详见《国务院关于加强农村留守儿童关爱保护工作的意见》（2016年）。
④ 详见东北师范大学中国农村教育发展研究院：《中国农村教育发展报告2016》。

的意义，是一项影响深远的举措。然而，由于我国留守儿童规模大，社会福利和监督制度不完善等原因，使得寄宿制学校的问题不断凸显。因此，寄宿制学校究竟是“温室”还是“囚笼”？又应当如何才能将其改变为促进留守儿童健康成长的“温室”？课题组将以四川希望社工为例，在学校社会工作的视角下对寄宿留守儿童展开系统的分析和探索。

二、寄宿留守儿童调查结果分析

四川省广元市是我国大陆地区较早开展学校社会工作试点区域，课题组本次问卷调查范围主要是广元市利州区，共发放190份问卷，收回190份，其中有效问卷176份，有效回收率达到92.6%，具体情况如下：

（一）被调查群体的基础信息

本次问卷调查对象均为广元市利州区某中学八年级寄宿留守学生，年龄在13—15岁之间，其中男生92人，占总数的52.3%，女生84人，占总数的47.7%。（详见表7-1）

（二）被调查者的家庭情况

1. 寄宿留守儿童的家庭结构残缺

从调查结果来看，176名寄宿留守儿童中有98人是隔代监护，占到总人数的55.7%；只有64人由父母一方监管，占比只有36.4%；还有接近10%的调查对象是由其他亲友代为监护。（详见表7-2）

表 7－1　被调查者基本信息表（n＝176）

变量		人数	百分比
性别	男性	92	52.3%
	女性	84	47.7%
年龄（岁）	13	20	11.3%
	14	130	73.9%
	15	26	14.8%

表 7－2　被调查者居住情况和父母外出情况统计表（n＝176）

变量		人数	百分比
父母外出情况	均外出	112	63.7%
	一方外出	64	36.3%
现在和谁居住	（父）母亲	64	36.3%
	（外）祖父母	98	55.7%
	其他	14	8%

由此可见，大部分寄宿留守儿童的家庭结构是不完整的，而父母在家庭教育中的角色缺失和祖辈文化程度低、时代观念不一等原因，导致寄宿留守儿童生存、安全以及发展的需要难以得到满足。因此，通过寄宿学校来弥补学生在生活、学习等方面的需要便成为大多数留守家庭的选择。

2. 寄宿留守儿童的在校生活费用偏低

课题组对回收的问卷进行分析，发现每周生活费在 50 元以下的有 144 人，占总人数的 82.3%；70 元以上的仅有 12 人，占 6.9%。（详见图 7－1）由此可见，绝大部分寄宿留守儿童在住校期间生活费用较低，此结果在课题组成员对部分学生进行家访时也得到了进一步的核实。

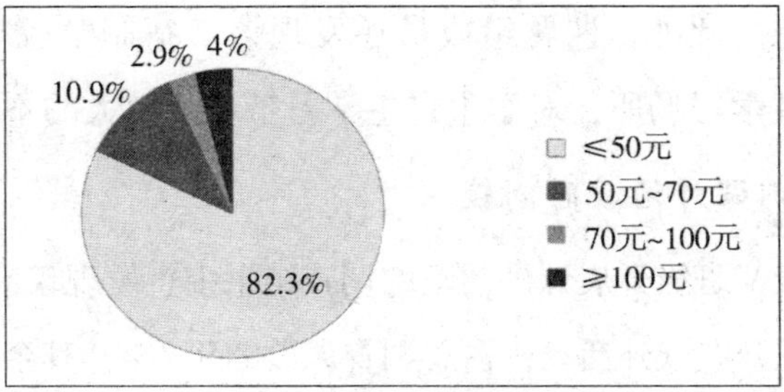

图 7－1　被调查者每周生活费统计分布图（n＝176）

（三）留守儿童的寄宿状况

1. 寄宿制学校周围设施杂乱

课题组通过对 176 份问卷的分析发现，96% 的学生回答说学校周围有超市/小卖部；仅有 63% 的人表示学校附近有文具店；还有近 80% 的人知道学校周围有黑网吧（即未成年人可以进入）。（详见图 7－2）

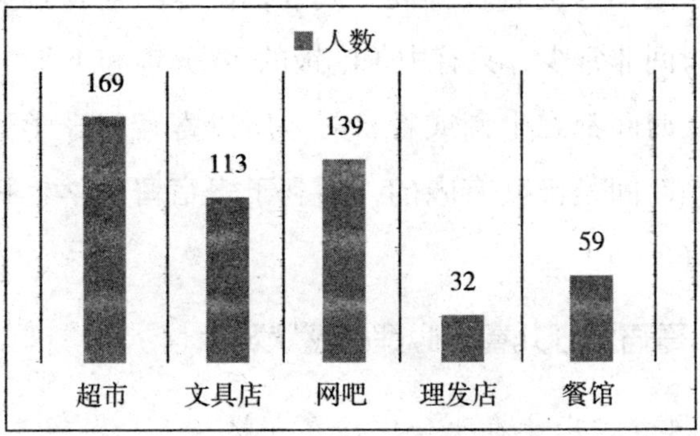

图 7－2　关于学校周围的设施填答统计分布图（n＝176）

由此可见，寄宿制学校周围的设施较为混乱，网吧等场所的存在即会影响学生学习兴趣，又会给寄宿留守学生的安全带来较大隐患。此外，课题组成员还发现该寄宿制学校周围没有书店等公共学习场所，对学生自主学习带来了较大的不便之处。

2. 校内课外活动时间较少

在学校\班级开展课外活动的调查结果中，发现仅有 17 人认为学校从不开展课外活动，占总调查人数的 9.7%；其余 159 人都在不同程度上认为学校/班级开展过课外活动。（详见表 7 – 3）

表 7 – 3　关于学校\班级开展课外活动频率的调查统计表（n = 176）

	次数	百分比	有效百分比	累计百分比
经常	4	2.3	2.3	2.3
有时	123	69.9	69.9	72.2
偶尔	32	18.2	18.2	90.3
从不	17	9.7	9.7	100.0

课题组成员发现，该学校在一个学期内只组织了一次篮球比赛，每周还有两节体育课可供学生自由活动，但课外活动模式单一，学生的参与程度不高。此外，课题组还发现该年级的学生课余时间非常少，只有中午吃饭的 30 分钟和下午午休的 40 分钟，其余时间都在上课或者自习。所以寄宿留守学生的课外活动和课余时间是极其有限的，不利于寄宿留守学生拓展自己的兴趣爱好。

（四）寄宿留守儿童的心理情感状况

1. 寄宿留守儿童希望和父母在一起

课题组通过对 176 份调查问卷的分析，发现有 171 名寄宿留守儿童明确表示对父母有不同程度的想念，仅有 5 人表示不会想念，只占总人数的 2.8%。（详见图 7 – 3）

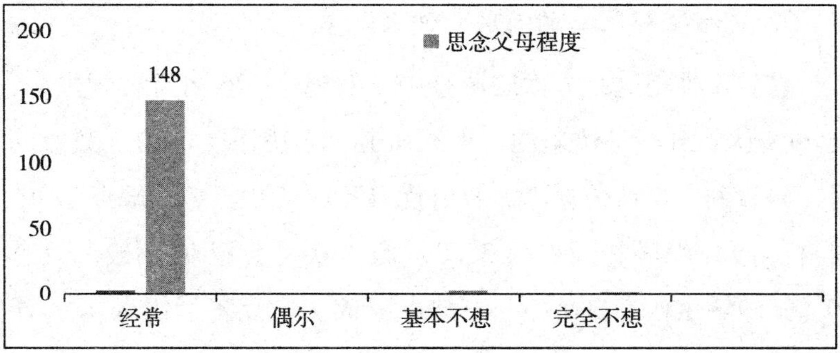

图 7－3　对父母的思念程度统计图（n＝176）

同时，在问到“对父母最大的期望是什么”时，“回来看自己”和“一直在家里”成为出现频率最高的两个答案，分别为 76 人、70 人；只有 13 人表示希望父母多挣钱；4 人表示希望父母不要管自己，只占总数的 7.4%、2.3%。（详见图 7－4）

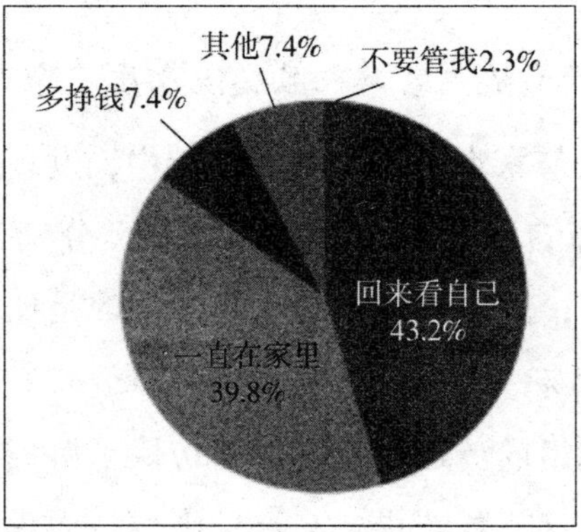

图 7－4　对父母最大期望的调查统计图（n＝176）

因此，不难看出，绝大部分的寄宿留守儿童还是希望在完整的家庭环境之中生活，同时也凸显了父母在家庭教育中的发挥着不可或缺的作用。

2. 寄宿留守儿童的自我认可度较高

在关于性格这一方面的调查中，发现这176名寄宿学生中，有79%认为自己是快乐的，“不知道、无所谓”的占少数。同时，54%的学生认为自己“只有优点”或“优点多于缺点”，即对自己持有积极态度；而35.8%的人认为自己很一般，只有10.2%的学生认为自己“只有缺点”或“缺点多于优点”。（详见表7－4）

表7－4 对自身评价的调查统计表（n＝176）

变量		人数	百分比
优缺点	只有优点	12	6.8%
	优点多于缺点	83	47.2%
	十分普通，没什么优缺点	63	35.8%
	缺点多于优点	16	9.1%
	只有缺点	2	1.1%

3. 与家人的交流内容单一且交流意愿下降

在针对学生与家人交流状况的调查中，发现被调查对象更多的与家人交流自己的学习和生活琐事，分别占到总人数的45.5%、26.1%；他们也认为父母最关心的是他们的学习，这一比例高达91.5%（详见表7－5）。

此外，课题组成员还通过家访和访谈了解到大多数寄宿留守儿童不愿意和父母长辈讲述自己的事情，而更倾向于对自己的朋辈群体倾诉自己的烦恼。究其原因，可能是寄宿学校后长期与父母和家人分开生活，导致与家人的关系淡漠，使得寄宿留守儿童更愿意在朋辈群体之中寻求情感依赖，甚至因此导致早恋等情况。

表 7－5 和家长交流状况的调查统计表（n＝176）

变量		人数	百分比
聊天内容	学习情况	80	45.5%
	生活琐事	46	26.1%
	个人烦恼	17	9.7%
	生活费	3	1.7%
	其他	30	17%
父母关心的事情	生活	2	1.1%
	学习	161	91.5%
	其他	9	5.1%

据此可知，由于大多数父母对子女的学习期望较高，但因为长时间不在子女身旁和不懂得合理的亲子沟通方法等原因，忽视了子女的成长问题，从而导致青春期的子女形成过度叛逆或自卑的性格，最终使得亲子关系破裂。

（五）调查结果小结

综上所述，课题组通过问卷调查并辅之以个案访谈进一步的了解到寄宿留守儿童的问题，即家庭经济状况较差，学校学习环境较差，课外活动时间少且内容单一，情绪倾诉渠道狭窄以及亲子关系、人际关系破裂等问题。

同时，透过问卷调查的结果，课题组成员也了解到被调查群体在家庭情感依赖方面存在较大的需求。此外，课题组还通过驻校社工服务站、社工信箱、小组活动等渠道了解到大部分寄宿留守儿童还在课外活动和阅读、学习环境和氛围、情绪倾诉以及人际交往等方面存在较大需求。

因此，课题组以问卷调查结论为依据，以希望社工为例，从组织建设、服务内容、经费来源以及服务监督与人才引进等方面对寄宿留守儿童的学校社会工作服务体系展开讨论。

三、寄宿留守儿童的学校社会工作服务管理体系

课题组成员通过查阅大量文献发现，推动学校社会工作发展的最好模式是“自上而下”与“自下而上”相结合，即社会工作机构提供驻校服务，然后政府部门加强对学校社会工作的制度建设，进而保障学校社会工作服务的持续发展。

课题组以希望社工为例，从组织架构、经费来源、服务内容以及服务监督与人才引进等方面对寄宿留守儿童的学校社会工作服务体系展开讨论。从而推动当前学校社会工作服务体系的健全与完善，进而更好的服务寄宿留守儿童群体，让他们健康、快乐的学习和成长。

（一）建立完善的学校社会工作服务组织架构

希望社工成立于2011年1月，由中国青少年发展基金会（简称中国青基会，后同）、中国社会工作教育协会发起成立，广元市利州区教育局作为上级主管单位的一家民办非企业单位，也是目前为止全国首家教育系统内成立的面向学校提供社会工作专业服务的非营利性机构，长期向广元市利州区11所中小学14个项目点提供直接的社会工作专业服务，年服务人次超30000。服务范围如此之广，服务对象如此之多，因而需要整合的内外资源尤为复杂，所以一个构建行动有力、上下通畅的管理体系就显得尤为必要。

1. 项目的外部管理体系

希望社工由中国青基会、中国社会工作教育协会发起成立，

广元市利州区教育局作为上级主管单位的一家民办非企业单位，但是却缺乏一个有效、通畅的外部管理体系。

因而该中心可以在中国青基会、中国社会工作教育协会以及利州区民政局的基础上联合区教育局、团委、妇联、关工委、综治办等部门在内的领导小组，再由每个部门指定一名副职领导担任领导小组成员，社工服务中心负责人担任领导小组办公室主任，统一协调。一方面，上述部门的工作职责与服务群体有一定关联，因此将他们吸纳到寄宿留守儿童的学校社会工作服务工作当中，有利于在宏观层面扩大服务群体的社会影响力；另一方面，且对于这些部门而言，只需动用自身的极少部分资源就可以参与到一项“民生工程”之中，其产生的服务成效也可作为该部门工作报告中的“亮点”，因而能够确保各政府部门较高的参与意愿。

同时，领导小组的主要职责在于确保项目执行点——学校和社区——对项目予以最大的支持和配合，并提供必要的经费支持、工作场地和设施即可。而社工服务组织在官方的领导之下开展服务，一方面能够将服务范围拓展到社区，不再局限于学校这个封闭的场域，为社工的成长提供更多的可能；另一方面也能获得经费和政策上的支持，确保寄宿留守儿童服务的持续性、有效性。

2. 项目的内部管理体系

希望社工为了确保驻校服务的质量，制定了一套健全的内部管理制度，包括理事会、总干事、助理总干事以及下属的实务、志愿者管理与培训、研发和行政等部门。（如图 7－5）分别负责项目统筹、驻校实务、志愿者管理和培训、行政、后勤等内容。

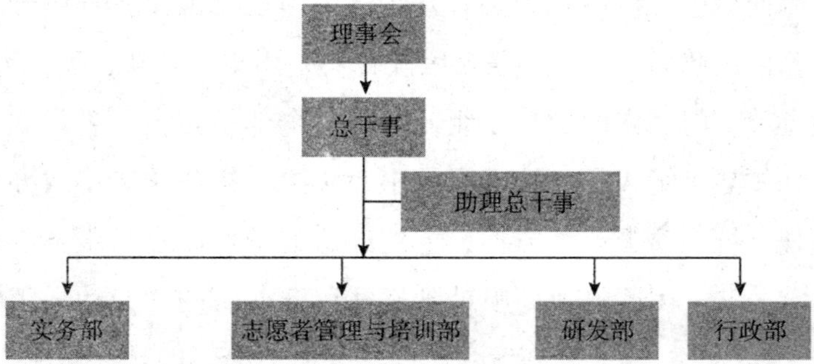

图 7－5 “希望社工”内部体系构架

该架构虽然很好的避免了职责不清、分工不明的情况。但还是存在分工不够细化等问题，如行政部既要负责一般行政事务，还要监管机构后勤、党支部事务等，而且还存在人手不足，经常调用一线社工等情况，故而对社会工作者带来较大工作压力。因此，课题组建议在财务、后勤等方面继续加以细化分工并增聘专职人员，一来可以以此降低社工工作压力，二来还能进一步避免出现事情繁杂而导致遗忘等情况。

（二）建立多方可持续的经费来源渠道

经费来源关系到学校社会服务组织的生存和发展，因此，建立多方可持续的经费来源渠道显得尤为重要。

1. 社会服务经费纳入财政预算

地方各政府部门可以将聘请专职驻校社工经费、物资购买经费以及购买社会服务项目等方面的经费纳入财政预算，而这应当是学校社会服务组织的主要经费来源。事实上，国家非常重视向社会力量购买专业服务，例如，2013 年国务院办公厅《关于政府向社会力量购买服务的指导意见》发布，明确指出各级政府部门可以将向社会力量购买服务的经费纳入预算；2014 年财政部颁布《政府购买服务管理办法（暂行）》对政府购买服务行为进行规范；各省市也在以上文件基础上明确政府购买服务的指导目录。

实际上希望社工的运行经费就主要来自于利州区民政局每年提供的 40 万元。然而仅依靠个别部门，一方面会增加该部门自身的财政压力，另一方面也会使得学校社会服务机构的经费来源不稳定，且受部门政策的影响较大。故而，课题组建议教育局、团委、妇联、关工委、综治办等与服务群体有相关职责的部门也应提供一定经费支持，从而既能降低个别职能部门的财政压力，又能保障社会服务组织经费来源的稳定与持续。

2. 发挥慈善组织的重要作用

社会组织特别是各类基金会，可对地方学校社会服务机构提供必要的经费支持，以弥补地方政府职能部门经费的不足。广元市“希望社工服务中心”便通过中国青基会、中国扶贫基金会等提供的经费支持向利州区、朝天区多所寄宿制中小学的寄宿留守儿童设计开展了服务，取得了良好的服务效果。

但是，我国当前大量基金会将筹集到的款项用于自身开展社会服务，而不是对其他社会组织进行服务项目的资助，做了很多自己并不擅长的事情。因此，我国社会慈善组织的社会服务作用还需要进一步的开发和利用。

3. 鼓励企业积极参与留守儿童事业

社会力量尤其是经济组织对社会组织提供经费支持，既能体现企业的社会责任感，也可通过这样的方式提高自身的知名度，创造品牌价值。“希望社工服务中心”就曾在某大型国企的经费支持下对利州区、朝天区的多所寄宿制中小学的寄宿留守儿童提供服务，实现了社会效益、品牌效益的双赢。

综上，建立一个多渠道的、稳定的学校社会服务组织经费来源体系需要政府部门、社会慈善组织以及企业力量等多方协作。同时，在当前社会慈善组织以及企业力量的作用没有得到充分发挥的背景下，政府部门还应当提供一定的政策支持，引导社会力量对社会服务组织提供支持，从而共同推动寄宿留守儿童的学校社会工作服务发展。

（三）提供完善的学校社会工作服务内容

学校社会工作服务内容是否有效、完善，关系到最终的寄宿留守儿童服务质量，因此，课题组将从学校、家庭以及寄宿留守儿童本身三个方面展开论述。

1. 建立学校社会工作校园服务平台

学校是儿童成长、学习的重要场域，是寄宿留守儿童的“第二家园”，在寄宿留守儿童的成长过程中更是发挥着不可或缺的作用。因此从学校出发，通过合理的方式开展普法宣传、逃生演练等社会服务活动，能够很好地达到提高寄宿留守儿童的法律、自我防范等意识和能力。还可以开展校外拓展活动，既能拓展学生视野、释放孩子天性、放松身心、又能促进师生之间、学生之间的人际交流，减少寄宿留守儿童的孤独感、自卑感。同时，教师作为学校活动的重要参与者之一，可对学生的偏差行为管理、负面情绪疏导等方面开展技能培训，一方面使其能初步处理寄宿留守学生的偏差行为和负面情绪，另一方面也与驻校社工建立专业联系，便于极端学生个案的转介，防止问题的进一步恶化。

2. 建立学校社会工作家庭介入机制

家庭是寄宿留守儿童情感慰藉的核心。然而在以核心家庭为主的中国传统家庭结构背景下，以隔代监护、同辈监护和自我监护为主的留守儿童监护方法，并不能适应他们的需求。社工在介入其家庭层面时，要做好教育者和资源链接者的角色，如教授寄宿留守儿童及其父母的新媒体使用方法，增加亲子联系等措施对于调节服务对象负面情绪，促进其良性发展有重要作用。同时，社工可以开展家长课堂，从不同的角度加强学校、家庭和监护人、社工的联系。若遇到家庭问题较重，或者家庭信息较为封闭，不愿表露自我的情况，必要时社工可提供评估和上门服务。

3. 完善学校社会工作儿童服务方式

寄宿留守儿童是整个学校社会工作服务体系的核心。因此，课题组在希望社工驻校服务的基础上从信息收集、活动设计和开展、后期跟进等方面展开论述。

首先在信息收集渠道上，学校社会工作者应当建立多渠道信息收集模式，即通过学生、家长、老师三个方向收集信息。具体措施是对学生设置社工信箱，并保障“学生—社工”间的信息交流渠道畅通；向学校老师咨询学生在校生活、学习状况；对学生家长进行家访，进一步了解学生在家庭、社区的日常行为表现。最后再对收集到的信息进行整理，并类别、普适性等方面设计和开展服务活动。

其次，在活动设计和开展上，针对受众学生的类别、规模等设计针对性的小组、个案以及社区活动。如：兴趣拓展、感恩等常规小组，社区活动和人际交往、自信提升、家长课堂等针对性活动。同时，还应当加强对他们的心理情绪关怀，提供情绪疏导和偏差行为管理，对校园偏差行为进行及时的预防和制止。

最后，学校社会工作者还应在周末、假期等时间通过家访、微信、QQ 等途径对已服务学生展开后期跟进，在了解服务效果的同时收集案主对服务计划和内容的建议。这样既能进一步的改善和提升后续服务质量，又能将某些共性问题或特殊问题收集起来，形成报告或建议并提交政府，从而推动政策层面的改进。

因此，整个服务内容当中涉及到了学生、学校、教师、家长、政府以及学校社会工作者本身等相关群体，既为寄宿留守儿童构建良好的社会生态系统，又能及时预防和制止各种偏差行为和进行情绪疏导，并通过资源链接，在构建寄宿留守儿童微观层面的社会支持网络方面发挥了重要作用。

（四）建立学校社会工作服务监督机制

对学校社会工作服务机构开展（不）定期的评估，有利于保障学校社会工作服务质量、维护寄宿留守儿童的应有权益，也可避免社会服务组织“只收钱，不做事”或“走形式”的现象，但又由谁来主导对学校社会工作服务组织的评估和监督呢?

首先，政府、社会慈善组织以及企业作为出资方，有权参与到评估监督过程之中，同时，评估结论也是出资方是否继续支持后续服务的重要依据。但如果只由政府、企业来主导整个社会服务评估，就有可能出现“重量轻质”的现象，而这对于改进和提高学校社会工作服务质量的意义不大，因此，出资方应当参与到评估和监督的过程之中，但不能发挥主导作用。

其次，学校社会服务组织作为服务提供者，参与到整个服务过程之中，同时也是后续服务的提供者，所以它的自我评估在整个评估过程中有重要作用，因此也需要参与到评估过程当中。但为了防止学校社会工作服务机构出现“报喜不报忧”的状况，同样不应让其主导整个项目评估。

再次，寄宿留守儿童、学校老师和家长作为学校社会工作服务的接受者，对于整个服务内容有比较深刻的了解，也应当参与到评估过程当中。同样的，为了防止服务对象极端化、随意化的评价，也应当控制这类对象的比例。

因此，为了建立一个“客观、公正、公平、专业”的学校社会工作服务评价体系，应当由政府向第三方机构购买评估服务，从服务的“数量”与“质量”两个方面进行全面的评估。这样既可避免评估的极端化、形式化，又能对后续的学校社会工作服务提出切实、有效、可行的建议。

综上可知，建立一个“客观、公正、公平、专业”的学校社会工作服务评价体系应当形成一个以第三方评估机构为主导，政府、学校社会工作服务机构以及服务对象等共同参与的机制，从而对服务的量与质展开全面的评估，并以此为依据对后续服务提出切实可行的改进建议。

（五）建立稳固的社工人才流动机制

建立一个稳定可靠的学校社会工作人才流动机制对于确保驻校服务的可持续性和提高驻校服务质量有重要作用，而一个完善的流动机制包括横向与纵向两个方面。

首先，就横向的社工人才流动而言就是学校社会服务组织的社工人才引进。以希望社工为例，它是国内第一家全国性的高校社会工作专业实习基地，与中国青年政治学院、重庆工商大学、天津理工大学、青岛理工大学、南开大学、南京理工大学、华中师范大学、中华女子学院、南京师范大学等数十所高校建立了长期的合作关系，确保学校社会工作人才的横向稳定流入和驻校服务的可持续性。

其次，纵向的人才流动主要指社工的专业能力的提升，这一点可以通过专业培训、社工实务等方式实现。再以希望社工为例，它与中国社会工作教育协会、台湾彩虹爱家生命教育协会等建立了合作关系，可为专职社工提供不定期的学习培训；同时，也会对每一届实习社工开展驻校服务培训，从而提高社工人才的专业能力，进一步的确保了驻校服务质量。

此外，一个完善的学校社会工作人才流动机制还应当建立一个完善的考核机制，并以社工工作时限和考核结果为基础建立合理的工薪晋升标准，为社工人才提供正常的福利保障，从而预防社工人才的流失。

四、总结与反思

课题组主要以希望社工为例，从寄宿留守儿童的角度对学校社会工作展开探索性研究，虽取得一定成果，但也仍存在不足之处。

首先，希望社工的学校社会工作服务模式有很多可取之处，经课题组整理总结后发现主要可以体现在以下几个方面：

一是组织架构清晰，员工职务明确。希望社工有明确的组织架构和分工，理事会以及理事长助理负责机构的决策实务、志愿者培训、行政以及研发等部门负责项目的执行；而每年招募的实习社工和志愿者则在接受短期的培训之后走向了一线的服务岗位。决策、培训、行政、后勤以及实务等各部门、各职工间各司其职、相互配合，才使得希望社工在当地树立了较好的品牌声誉，获得当地学校、政府的一致赞誉。

二是有丰富的学校社会工作实务经验，并在十年的实务过程中形成了自己独特的服务方式和技巧。希望社工自 2008 年立项，2011 年正式成立后就一直参与到广元市各区县的学校社会工作服务当中，迄今为止，已有近十年的实务经验，并在这十年的实务当中收获了相当丰富的一线服务经验，还在此基础上形成了以社工信箱、社工课堂等为代表的一套完善的学校社会工作服务内容体系。

三是建立了一套完整的服务监督机制。希望社工在总结了长期的实务经验之后，为各驻点社工提供了专职社工的督导服务，建立了一套完善的服务监督机制，即借此确保了实习社工的一线服务质量，又能进一步提高各驻点社工的专业服务技巧和能力。

其次，希望社工也存在许多需要改进之处。一方面是没有建立稳定的多渠道的资金来源体系。希望社工原有的服务资金基本上来源于青基会以及当地民政部门，因此，青基会一旦停止对其提供服务资金后，就会对整个机构的运营乃至一线社工服务都造成严重的威胁。另一方面则是在与政府、部分学校进行合作时，没能向他们表明社工是作为“合作者”的角色。因此，希望社工在部分项目点的存在感较低，不仅开展社工活动会受到限制，还有可能沦为教师的“附庸”，帮他们做一些杂务之类，从而导致社工的作用难以得到充分的发挥。

而对于上述问题，课题组在听取有关专家的意见后认为，希望社工要摆脱上述困境可从以下几点加以考虑：首先是要建立稳定的多渠道的资金来源体系。如充分链接学校、企业以及政府等资源，既有利于维护社工组织的正常运行，又有利于一线服务的正常开展；其次希望社工可以适当“放弃”部分对社工限制较大的项目点，从而把重心落在对社工充分信任和支持的项目点，并在此基础上建立好社会工作学校服务平台，充分发挥社会工作在青少年问题处理、潜能挖掘等方面的优势，在积累了充分的经验之后再逐步扩大服务范围。即建议走一条由“小而精”到“大而好”的发展道路。

本课题虽然以问卷调查所得信息和资料为基础，以希望社工为例，对处在学校社会工作服务体系下的寄宿留守儿童展开了全面、系统的论述，结论虽然有较高的效度，但也存在一些不可忽视的问题：一是在问卷调查的范围来看，仅以某个中学的某个年级为样本，在抽样上属于非随机性抽样。二是问卷调查规模较小。此外，调查人员的经验存在不足。因此，在问卷的设计、调查以及最后的分析等过程中还有许多值得改进的地方。

第八章　学校社会工作的校外模式

——非留守期农村留守儿童小组工作服务

随着人们对农村留守儿童问题的关注，以及来自于政府和社会的各种政策性支持、福利性支持及社会服务日益增多，农村留守儿童在一定程度上受惠。但是，在具体实施过程中，也面临各种各样的问题。根据相关调查表明，绝大多数农村留守儿童群体的家庭结构依旧不完整，他们在心理上、亲子关系上仍然存在诸多问题。

课题组成员在 SX 省 TY 市 ZM 社会工作服务中心所服务的 N 社区实习期间发现，每年寒暑假期间，大量留守儿童从农村到城市来探亲，社区氛围发生了一些变化。这一段跟父母一起生活的非留守期，对于留守儿童来说是非常珍贵的，但是由于陌生的生活环境与家庭环境，在这一段时间孩子和父母很容易产生矛盾，相互不理解，从而加深留守儿童的一系列社会问题。对此，课题组开始关注这一群体在非留守时期的系列问题，希望通过专业的社会工作方法，利用小组工作尝试帮助他们进行良好的亲子沟通，以及缺乏爱与关注导致安全感缺失等问题，逐步消除他们内心所存在的负面情绪，维护家庭稳定，和谐相融。

一、研究意义

留守儿童问题是改革开放以来日益凸显、得到社会广泛关注的问题，不少学者针对这一群体的生理、心理开展过多样化、区域化的研究，但是少有学者对这一群体在非留守期的心理上、亲子沟通上有专门化的研究探讨。而对于这一群体来说，利用寒暑假期时间来到父母身边，与父母非常亲近的交流和生活是非常常见的。在这段珍贵而有意义的时期里，利用社工专业方法，对留守儿童群体开展系列活动，改善孩子与父母的亲子关系，解决目前留守儿童普遍性的社会问题，这一做法具有重要的理论意义与现实意义。

1. 理论意义

利用留守儿童非留守期这一个特殊的时期，通过专业的社会工作模式去探究解决留守儿童问题，一方面为社会各界在解决留守儿童问题上提出了新的见解与解决模式，让这一特殊群体的孩子健康的参与社会生活，为社会经济注入更多的社会能量；而在另一方面，小组工作是社会工作的重要模式之一，以儿童社会工作的重要理论为基础，将理论运用于实践。有利于将儿童社会工作的理论与实务相结合，通过开展实务来发现不足以及所面临的实际困难，通过不断的反思与总结，进一步丰富小组工作的实务经验，同时对今后小组工作在留守儿童社会问题这一领域中的介入有着一定的借鉴作用。

2. 现实意义

从现实角度来说，本项研究是以成长型小组工作的形式介入到农村留守儿童问题中的，这种形式对于这个年龄层次的留守儿童来说是非常适合的，在小组成员的活动过程中通过组员间的互动，促使他们从思想、情感和行为等多方面觉醒并深刻反思，发挥成员的潜能，在情绪、态度和行为等方面获得成长①，引导他们形成正确的行为导向，与父母一起营造良好的家庭氛围，从心理上解决安全感缺失等问题，有利于将不健全的成长环境所带来的负面影响减到最低，以便能够更好地参与社会生活，实现人生价值。

留守儿童问题是复杂的，不是短时间内形成的。从目前的文献来看，鲜有学者抓住了这一群体特殊的非留守时期，而通过利用这一特殊的生活时期探索可能的解决方法，关于这一类的探索几乎处于空白。

二、非留守期的亲子关系

本研究中的非留守期是相较于留守儿童的留守时期，对留守儿童来说是一个特殊的生活时期。指每年寒暑假、国家法定节假日等有较长假期的时间段，大量留守儿童从老家探亲来到父母身边，与父母共同生活居住的时期。在这一时期，不一样的社会环境，陌生的家庭氛围等都会对该群体产生影响，因此本研究尝试通过小组工作的形式，利用这一特殊时期有利的社会与家庭环境对留守儿童可能产生的问题进行解决。

留守儿童父母由于长期在外务工，与孩子的相处时间是很少

---

① 刘梦：《小组工作》，北京：高等教育出版社，2003 年版。

的，这样的状况会使得父母与孩子的关系疏远，孩子也得不到真正意义上的关爱。无法进行良好的亲子沟通也就造成了亲子关系无法正常的维持，对于如今留守儿童亲子关系的调查可以发现：(1) 留守儿童与父母沟通途径单一，沟通频率不高，亲子沟通机会太少。(2) 家长沟通观念落后，缺乏沟通技巧，亲子沟通内容集中、在学习和生活方面，很少触及孩子内心情绪情感方面，沟通效果欠佳。(3) 留守儿童父母把孩子托付给监护人，但监护人并没能很好地发挥他们在留守儿童和留守儿童父母之间的桥梁关系，不利于留守儿童与父母间亲子关系的培养①。

而在非留守时期，留守儿童与自己父母的关系又是如何呢？根据陈林研究发现，留守儿童利用假期来到父母务工的地方和父母一起生活，在这段期间亲子关系特征主要表现为：(1) 留守儿童与自己父母之间距离拉大，沟通存在一定的障碍，无法达成一个有效的，合理的沟通。(2) 孩子与父母的生活习惯反差大，由于在老家已经生活习惯，父母在城市中的生活习惯对于留守儿童来说需要一段时间的适应。(3) 留守儿童虽然与父母生活在一起，但由于父母平时上班，实际上还是很少得到父母的陪伴，与父母的沟通也很少②。

但相较于留守时期，非留守期孩子与父母一起居住，共同生活，增加了许多亲子沟通交流的机会。把握好这一时期的亲子相处机会，将可能在很大程度上减缓亲子矛盾，解决留守儿

---

① 邵小佩、邹玲：《农村留守儿童亲子关系现状调查研究》，载《早期教育》2014年第7期，第24－27页。

② 陈林：《留守儿童亲子关系的介入研究》，载《科协论坛》2010年第7期，第25－26页。

童的系列问题。因此，要想解决好留守儿童的亲子关系问题，需要其父母与孩子掌握一个良性的沟通方式和技巧，让留守儿童学会正确的沟通方式，理解父母的立场，这样才能维持一个很好地亲子关系，留守儿童也会得到更好的关爱。

三、研究内容

本研究以留守儿童成长教育为主线，将小组工作的基本理论与实践相结合，探索利用留守儿童非留守时期在解决留守儿童因为长期与父母分离，家庭教育缺失而引发的种种心理与社会问题。

笔者以在 SX 省 TY 市 N 社区参与社工服务为实务向导，利用本人在该社区开展的包括夏令营在内的多项小组活动及主题活动，为该群体在这一时期的社会工作研究作蓝本。本研究以笔者开展的成长小组为例，阐述了小组活动开展的背景、在小组活动中关于理论和专业技巧的结合运用、活动的开展过程、以及对于小组活动的评估、专业的个人反思等内容。通过对留守儿童进行以小组活动为主要形式的社工服务做总结反思，探索利用该群体特殊的非留守期，开展系列小组工作服务，为解决留守儿童问题提供方法借鉴。

四、N 社区基本情况与需求评估

（一）社区基本情况

N 社区是一个以企业进驻人员为主的农转非社区，是典型的“城中村”社区。辖区内企业 186 家，规模以上企业 8 家，常住人口约 31000 人，其中户籍人口 2174 人，外来人口所占比例为百分之九十以上。每年寒暑假期间，大量农村留守儿童从老家来到N社区探亲，社区人口比例、氛围发生一定改变。

该社区服务中心通过购买SX省TY市ZM社会工作服务中心的社工服务为本社区居民提供多主题的社工服务，志远社工已入驻该社区多年，双方合作愉快，积累了丰富的实务资源。每年寒暑假期间，该社区都会与社工合作开展系列针对留守儿童的以夏令营为契机的社工项目，有足够的场地提供给社工开展服务，机构专职社工老师具有丰富的专业知识和实务经验，对整个小组工作的介入过程提供支持和指导。笔者通过社会工作专业知识的系统学习以及实务训练，能够独立设计、开展小组，因此开展本研究的可行性是非常充分的。

（二）留守儿童问题

N社区以外来人口为主，每年寒暑假期间留守儿童的到来也逐渐显现了该群体常年与父母分离，缺乏爱与关注导致安全感缺失等系列问题，根据对本社区的调查分析，原因如下：

1. 留守儿童常年单独在老家，缺乏较为完善的资源与照顾，缺乏独立自主生活的技能和应变能力，面临安全隐患；另一方面，该群体寒暑假到TY市也由于父母上班监护不足，面临环境、物质等各方面诱惑，教育引导不足易引发偏差行为。

2. 留守儿童常年与父母分离，多由祖辈爷爷奶奶照顾，该群体缺乏与父母的有效沟通和接触，对父母缺乏爱的体验导致安全感缺失、青春期叛逆等情况。

3. 留守儿童初到TY市，渴望表现但又缺少机会，对周围的环境与人际存在陌生与不安全感，具有环境适应的困扰，进一步引发自卑等心理障碍，影响日常的人际交往，对生活造成影响。

（三）外来父母困扰

外来父母常年在外奔波，对子女缺乏有效的监护与沟通，一切为了子女但缺乏科学有效的教育方法与表达对子女关爱的合适途径，引发父母爱在心口难开等系列困扰，具体分析如下：

1. 外来父母常年在外，与孩子缺乏长时间的相处与接触，对孩子的情况了解不足，急于想把自己认为最好的外在物质基础给孩子却忽略了孩子的内在需求。

2. 外来父母生活压力大，虽一切为了孩子，但缺乏与子女的共同生活体验，孩子无法体会父母的爱与苦心，导致孩子青春期叛逆成长。

3. 外来父母在含蓄的文化背景下不懂得表达爱的方法与技巧，寒暑假短时间内难以与子女形成联结，寒暑假结束后子女依旧回老家，亲子关系无实质性改善。

五、非留守期农村留守儿童小组工作实务

（一）小组工作实务设计的理论支持

1. 社会互动理论

人的行为都是以他人为导向，在进行社会互动时，我们设定在我们所处的社会情境中与他人使用包括语言、手势在内的一切相同的符号。而“托马斯定理”指出了这种情境定义的重要性：如果人们将某种情境定义为真实的，那么这种情境就会

造成真实的影响[1]。在互动过程中，我们不断意识到自己的行为会对对方产生效果，相反，别人的期望也会对我们产生效果。在此理论支持下的小组工作，通过互动最大程度上将期待作用于小组成员，让他们更好接受成长教育。

2. 镜中我理论

镜中我由美国社会学家库利提出，该理论认为在与他人的互动过程中，通过感知他人对我们的反映与评价，由此来建立起关于自我的意识和形象。他们就像一面镜子，成员通过这样一面镜子来感知自己的行为是否正确、满意，也通过这样一面镜子来发现自己的不足，从而通过改变来获得对方对自己好的评价[2]。库利还首次提出了首属小组这一概念，即主要包括家庭、邻里以及儿童游戏伙伴在内的那些亲密、面对面交往以及有直接互动和合作的小组。这样的小组对个人的成长发展是非常重要的，很多积极和消极的品格都是在这样的小组获得并强化[3]。

3. 心理剧治疗

小组领导者引导成员将自己经历的过去、当前或预期的生活情形通过戏剧化的角色表演出来，目的在于通过角色扮演的方式来帮助成员表达感受，并以此获得更加深入的自我理解和情绪宣泄，积极接受有关角色的回馈。该方法可以有效引导成

① 王鹏：《社会互动视野下的流动人口城市经济融合研究》，云南大学硕士论文，2015年，第11－13页。

② 周环宇：《大学生社交障碍人群的社会工作介入》，长春工业大学硕士论文，2015年，第8页。

③ 刘梦：《小组工作》，北京：高等教育出版社，2003年版，第36页。

员互动，讨论人际关系，尝试接近身边重要的人，从而达到减轻个人孤独感的效果①。该小组活动以情景剧为主线，引导小组成员通过表演的形式来面对日常的亲子关系，可以有效的接受角色回馈，从而引发对自身的思考。

（二）小组工作实务设计

1. 小组活动总目标

通过建立成长小组，以开展组内情景剧的方式，结合组员互动，让孩子们以表演为载体，发挥自身潜能，培养独立学习思考参与的能力，学会与人良好沟通，多角度思考问题，尝试理解父母立场。同时鼓励其积极与组员互动沟通，分享个人感受，不断提高自己的人际交往能力。组内营造良好的互动氛围，让组员感受期待与尊重，获得依赖与安全感，使其在思想行动上得到成长，养成正确的行为导向，并支持他们大胆表达内在需求以及对父母的爱，为非留守期的亲子交流助力，以此改善家庭氛围，建立父母与孩子间有效的沟通机制，加强亲子间的情感联结。

2. 小组活动开展过程描述

本小组活动是N社区针对留守儿童“小候鸟”成长暑期夏令营的一部分，根据整个夏令营活动的计划安排，本次小组活动共招募成员30人，计划开展4节，每节预计70分钟，由于活动正值夏季，气候炎热，为保障孩子们的安全，每节活动的开展场所均为室内独立活动室。每节活动共设置4名社工参与，

① 刘梦：《小组工作》，北京：高等教育出版社，2003年版，第64页。

其中包括1名主带社工，1名协助社工，主要负责协助与维持现场秩序，2名负责观察和照相的社工。具体活动开展如下：

◎第一节　很高兴认识你

活动目标： 社工向成员介绍本小组的情况，对小组活动日程安排有大致了解，厘清小组目标，建立小组规范；认识熟悉小组伙伴，初步建立信任关系，缓解成员焦虑封闭的心理状态；社工还要协助成员澄清期望与理想，认识个人需要，促成小组间的沟通交流，发现和培养小组领袖。

活动描述： 本节活动为小组的第一次活动，受到暑期夏令营的影响，孩子们都很兴奋地早早的来到功能室。根据前期调查，该社区的“小候鸟”们由于长期与父母分离，初次来到陌生的城市环境都有或多或少的无措感，特别表现在孩子与孩子之间形成了主要以同乡为伍的明显的“小团体”。因此小组第一节急需解决小组氛围的距离感，以及向孩子们表达本小组活动的目的与对他们的期待，在社会互动理论的支持下，活动开始由主带社工带领团队成员一一向孩子们自我介绍，首先营造出欢乐团结的氛围，再向孩子们介绍了本次小组活动的主要流程安排、目标与期待。接着两个简单的热身游戏让孩子们投身在小组中亲身参与互动，认识同伴，通过该环节让组员之间打破沉默与距离感，鼓励其迈出人际交往的第一步，同时也带动了小组氛围，让孩子们放下了戒备。熟悉了小组环境之后，再通过和小组成员共同制定小组规范，让孩子们表达自己的看法，分享自己的见解，为后面的活动开展提供必要的小组约束。在小组最后，向成员布置一个贯穿整个小组的任务，即“鸡蛋父母”任务，要求孩子们在活动期间好好以一个“小父母”的身份去照顾他们的“孩子”，并且还要针对自己的照顾心得作一个分享，向大家说说自己的心理感受。小组结束后，选择一些有小组领袖风范的孩子就本次小组向他们交流意见，一方面看看小组有什么需要改进的地方，另一方面也鼓励孩子吐露心声，表达自我看法。

表 8－1　第一节活动简表

活动时间：2015 年 8 月 4 日 10：00－11：10　　　　地点：服务中心功能室

活动时间	活动内容	所需物资	备注
10：00－10：10	社工自我介绍及小组主题、目的、内容、时间及场地等安排介绍。	小蜜蜂＊1	工作员提前将内容理顺统一，并写下来。
10：10－10：45	热身游戏　认识组员	小礼品＊8，每组 2 份	
10：45－11：00	制定小组规则	签字笔＊4、彩色大张纸＊4	特别注意小组领袖的发现
11：00－11：10	任务颁布：“鸡蛋父母”	鸡蛋＊30 只	注意讲解任务规则

◎第二节　我是小小编剧家

活动目标：利用心理剧治疗，通过情景剧《家有儿女》的分工和筹备工作锻炼组员的积极性和主动性，增强他们团队协作的能力，社工协助组员参与到小组分工中并积极承担自己的角色；同时通过对剧本的编写，以及戏剧化的冲突，让孩子们从父母角度上来感受现实生活中父母对自己的关爱，对比自己的家庭环境，理解懂得父母的不易，从心理上缓和亲子关系，为亲子沟通破冰。

活动描述：在上一节活动的基础上，首先带领大家初步回顾了本次小组的目标与期待，从与大家的互动中发现孩子们感觉良好，孩子们私下也开始了人际交流，小组陌生感在慢慢消失，几乎已经适应了小组氛围。一个暖场游戏让大家活跃起来，小组信任不断加深，接着主带社工带领成员就自己“鸡蛋父母”的任务做分享互动，一开始孩子们还有些扭捏，但在社工与小组领袖的带领下，孩子们开始畅所欲言，开始分享自己照顾他们的酸甜苦辣，类比自己父母对自己养育的艰辛，很多孩子都不禁的开始自我检讨，从中可以看出孩子们的用心。然后社工开始介绍情景剧《家有儿女》的排练计划，在充分尊重成员的前提下，制定出合理的编排计划，孩子们都很配合，在互动中积极发言，小组氛围十分热闹。在计划敲定后，社工按照分组开始引导大家分工合作，鼓励其加强团队协作，积极贡献自己的能力，培养自信心。

表 8-2　第二节活动简表

活动时间：2015 年 8 月 5 日 10：00-11：10　　地点：服务中心功能室

活动时间	活动内容	所需物资	备注
10：00-10：10	暖场游戏：我错了		
10：10-10：20	鸡蛋父母分享照顾经历		社工鼓励组员分享自己照顾鸡蛋的经历和感受
10：20-10：40	介绍情景剧《家有儿女》计划		
10：40-11：10	《家有儿女》分工、写剧本	签字笔 * 4、彩色大张纸 * 4 A4 纸 20 张	社工积极引导策划，列出可能的道具。

◎第三节　我的故事我主导

活动目标：本节小组以镜中我理论与心理剧治疗为指导，通过小组间的排练分享协助成员投入到角色中并体验角色内心世界，在排练和角色分享过程中锻炼组员的合作能力，并感受自己在角色中的责任，以帮助成员学会理解他人和换位思考。同时在编排中引导孩子们反思自己的亲子关系，自省在自己身上所存在的问题。

活动描述：按照上几节的惯例，孩子们首先进行“鸡蛋父母”任务的个人分享，由于小组成员间已经熟络，大家的分享开始有些偏离主题，因此社工着重引导孩子们回归主题，换位思考自己的亲子关系。本节主要以情景剧排练互动为主，社工针对每组的分工，引导孩子们有序进行情景剧排练，对活动中可能引发的小组矛盾进行协商解决。道具制作环节，在增强孩子们动手能力的同时，以组为单位的分工让孩子们各司其职，感受团队合作与被需要，在总结分享过程中，成员针对本组的剧本编写，向大家介绍编排内容的生活来源，向组员分享自己家庭的故事，表达内心的爱与需求，在分享中，同伴与社工的同理让孩子们心理上得到很大的慰藉，小组氛围变得亲密而团结，小组目的慢慢达成，社工感到很欣慰。在活动最后，社工告知成员离组日期以及在最后一节小组活动的计划安排，并表示希望在最后一节的小组活动中孩子们邀请父母来到现场，观看自己出演的情景剧，为本次小组画上圆满句号。

表 8－3　第三节活动简表

活动时间：2015 年 8 月 6 日 10：00－11：00　　　　地点：服务中心功能室

活动时间	活动内容	所需物资	备注
10：00－10：10	鸡蛋父母分享照顾经历		
10：10－11：00	1. 情景剧《家有儿女》排练 2. 道具制作	道具（具体物资不确定）	工作员要观察组员的在活动中的变化并做记录
10：30－10：40	排练分享		工作员引导组员对本次小组活动做总结和分享并做记录

◎第四节　你说我说

活动目标：小组最后一节，巩固本期小组工作的成果，帮助成员巩固已习得的技巧，提高解决问题的能力，减少小组依赖。增加成员对于自身以及与自己相关的亲人及朋友的更多理解和关心，学会理解父母的辛苦并鼓励他们在日后的生活中替父母分担。评估小组目标的实现情况，理解与处理成员有关小组结束的情绪与感受。

活动描述：筹备已久的情景剧正式拉开帷幕，每组成员依次上台表演，在搞笑温馨的氛围中，孩子们从生涩到游刃有余。在活动的最后一期，我们请来了孩子们的父母在台下为子女助威，通过孩子们的表演，很多父母不禁为孩子骄傲，在他们的表演中寻找到了自己家庭的影子。在“鸡蛋父母”任务的个人分享中，还有一些父母站出来，从他们的角度去看待子女在照顾“鸡蛋孩子”过程中的表现，纷纷表示孩子们做得很不错。在活动最后的分享环节，面对父母的孩子们还是有些羞涩，在社工的鼓励下一些孩子勇敢站起来，以自己的表演为例，向在座的父母们表达了这一群体内心的真实想法，其中包括自己对爱与关心的需求，成长的困扰以及对父母难以言表的爱。父母代表也站起来发表了自己的内心想法，在感谢本期小组的同时，呼吁每位父母多多回应孩子们的需求，学会用良好的沟通方式来维护亲子关系。协助社工也在一旁观察记录这次小组的目标达成情况，特别观察成员是否出现不当的离组情绪，并予以合理解决。最后主带社工发起了向小组同伴祝福道别的倡议，鼓励组员间彼此祝福与告别，希望孩子们在小组结束后多多联系，加强情感联结，至此小组以一个欢乐的汇报形式完美结束了。

表 8－4　第四节活动简表

活动时间：2015 年 8 月 7 日 10：00－11：10　　　　地点：服务中心功能室

活动时间	活动内容	所需物资	备注
10：00－10：40	情景剧《家有儿女》表演	各组长用手机拍下组员的表演	
10：40－10：55	情景剧分享		工作员带领成员总结和分享整个情景剧的制作过程
10：55－11：05	鸡蛋父母分享		鼓励组员自愿分享自己照顾鸡蛋的经历和感受
11：05－11：10	小组结束，分享告别		

3. 预期困难与解决方案

针对活动方案可能遇到的系列问题，社工应做到提前预估，做好合理的应急预案，以保证活动的顺利开展以及目标的圆满完成，具体安排如下：

（1）小组任务难度太大。每次小组后社工进行分享和讨论，结合观察员的记录和小组领袖的回馈，及时调整小组内容。

（2）天气原因导致无法按时进行小组活动。由于沿海地区多发暴雨，白天气温普遍较高，为保证组员出行安全，在天气恶劣的情况下将会适当推迟活动时间，具体通知可在组建的微信群中发布。

（3）个别成员对小组失去兴趣，中途退组。按照当事人自决的原则，及时与成员沟通，处理好可能承担的责任，必要时可与其父母联系，了解清楚原因，达成共识。其次，在组员退组后要给组内其他成员留出时间来处理负面情绪，同时在组前筛选时就应该与组员讲清楚，在退组前要提前通知社工和其他组员，以免影响活动进度。

（4）小组冲突。由于该群体的特殊性，小组冲突不可避免。在不影响活动正常进行的前提下，社工可以适当扮演公证人的角色，详细了解冲突原因，借助小组规范去协调争辩双方的语言与行为，引导组员回忆美好的事情，鼓励为大家和小组的利益暂时放下争执，在小组结束后公开坦诚的道明缘由，达成明智的解决方案。

六、小组工作介入效果评估

（一）评估方法

表8－5　评估方法

评估维度	评估方法
1. 目标/成效评估	1. 观察“小候鸟”小组前后的行为变化 2. 访谈家长“小候鸟”小组前后的行为变化
2. 服务满意度评估	1. 问卷
3. 社会影响力	1. 媒体报道资料 2. 社会知晓度调查

（二）整体效果评估

1. 活动满意度分析

在活动最后一期结束后，我们对所有来访父母发放了服务问卷。同时，在亲子中我们随机选择了5位父母，通过对他们进行访谈来评估本次小组服务成效，以下选取与两位父母的访谈摘录作满意度说明：

访谈一：

C家庭基本情况：家中孩子10岁，是个内敛的男孩子。父母亲在TY市打工接近3年，每年孩子都会利用寒暑假探亲。孩子留守期间与外婆生活，性格内向，不喜与外人交流。

社工：你觉得作为留守孩子的他，在哪些方面很让你困扰呢？

C妈妈：（无奈）本来他就是一个少说话的人，我们让他来

TY 市玩，就是想让他多多跟我们说话，性格开朗些，但是他在这边也还是那样，平时就在家看看电视打游戏，周末带他逛街也提不上兴趣（叹气）。他爸爸一急，父子两个很容易发生冲突，有时候都不知道该不该让他过来（陷入沉思）。

社工：孩子在参加“小候鸟”活动前后性格上有什么变化吗？

C 妈妈：（双手兴奋地拍了一下）嗯嗯，开始的时候他还不怎么跟我们说，后来我看到他回家后一直在摆弄他的小鸡蛋（抬头回忆），应该是你们给他弄的一个任务，他很有兴趣，有时候还来请教我们怎么样去照顾她，我觉得很不错。再后来他开始给我们分享他们小组的情景剧，说他的一些想法，我跟他爸都好惊讶啊。有次我下班回来还看见他和他爸爸两个人在那模拟表演呢！（捂嘴笑）

访谈二：

Z 家庭基本情况：孩子 11 岁，男生，体型偏胖强壮，父母离异，留守期与爷爷奶奶共同生活，非留守时期与爸爸一起生活。

社工：离异加上留守家庭的环境给孩子带来了哪些影响呢？

Z 爸爸：（叹气、羞愧的）哎，其实在这些方面我是很内疚的，我的初衷是想在外边好好工作挣钱，给孩子提供好的生活环境。但是越到后来我慢慢发现孩子跟我越来越不亲近了（疑惑的），你知道，本来父亲和儿子的相处模式就不太善言辞，我把他托付给我爸妈，每月的生活费我都是给的很充裕，但是我觉得这样确实不太好，把他养的太皮了。（稍微停顿，一会抬头一会低头的）在情感上大家都相互不理解，他自己在老家也很调皮，经常借着自己身形去欺负其他小朋友，团体意识和责任感都很弱，每次过来也很少和我交心，（无可奈何的）我有时候怀着内疚的心也不好说他什么。

社工：那看了儿子表演的情景剧，你心里面是什么感受？

Z爸爸：（爽朗一笑）当时我很惊讶啊，记忆里的他对这些是没有什么兴趣的，哈哈（自豪的）但是一看了表演觉得我的孩子挺优秀嘛，在他的表演里面我看到了自己家庭的影子，给了我很好的借鉴。而且在来之前他还一直提醒我要好好看，用手机给他拍下来（害羞的），刚刚他下台的时候竟然主动抱了我一下！（不好意思的）我觉得这些活动真心挺好的，希望你们多多开展！（感动的）

通过对几位家庭的访谈可以看出，本次小组的预期成效是达到了。家长们的反映普遍较好，同时也可以看出，留守儿童家庭问题是多样而复杂的，在活动的内容上应该追求多样化，针对不同家庭环境的孩子开展不同的服务。而利用非留守期来开展活动，对亲子关系的修复有着极大的推动作用。

在评估维度上，除了采取家长访谈外，我们还对所有组员发放了服务满意度调查表。在回收的30份有效问卷中，通过组员对小组活动是否能达到目标的反馈看出，大多数组员认为目标完成，占总参与人群的86.67%，仅有13.33%的成员认为没有完成。参与问卷的组员中，26.67%的人对活动非常满意，40%的人较为满意，26.67%的人认为一般，认为非常不满意和较为不满意的分别占总人数的0%和6.67%。由此看出，活动总体满意度达到93.33%，说明组员对活动给予了充分的认可，也对机构寄予了很高的期望。同时在调查中，76.67%的成员对活动组织方面感到满意，30%的成员对活动游戏的趣味性感到满意，因此在今后的活动中，要注意游戏设计的生动性，尽量符合小组成员的年龄层次。

2. 活动整体评估

本期小组利用留守儿童非留守时期，通过成长型小组的形式，开展有助于解决该群体长年与父母分居导致的亲子关系恶劣、缺乏爱与被需要等社会问题的系列活动。结合小组开展过程中的过程记录以及得到的效果反馈，整体来说本次小组目标基本达成，该群体在其非留守时期与父母的亲子交流得到了很好的推动，孩子们收获颇丰。从小组成员最初的扭扭捏捏，到慢慢适应小组环境，逐渐敞开心扉表达爱与需要，学会理解别人及换位思考，这些都是很大的进步。在过程中，尽管也遇到了不少的矛盾与冲突，但这些都是非常难得和必要的，通过情景剧的编排和分享，孩子们在分享与倾听的过程中学会了如何与父母相处，怎样正确的看待自己的成长环境，掌握了必要的人际沟通技巧，面对问题敢于表达，从心理上成长不少；通过“鸡蛋父母”的任务，孩子们感同身受自己父母的立场，明白父母的不易，变得格外珍惜与父母的相处机会，从心理上懂事不少。根据比较小组前后孩子的行为变化以及对家长的访谈提纲来看，在非留守时期，孩子们与父母的关系有了明显的好转，孩子们不再羞涩，敢于向父母表达爱与关注的需求，亲子间的沟通与交流不断增加，沟通的层次也在不断加深，家庭关系得到了明显改善；另外笔者还发现留守儿童对陌生环境的适应能力加强，有不少留守儿童与本地孩子结为好友，时常在一起玩耍，双方没有了距离感，由此看出本次小组活动后孩子们的人际交往能力得到了锻炼，并将此应用巩固在他们此后的生活中。结合后期的走访，不少家长表示希望每年都定期开展这类活动，一来为孩子增添假期乐趣，二来对孩子们的健康成长也大有裨益，由此社工已向社会各界链接资源，为未来开展这类活动提供了足够的资金与地方支持。

（三）单节效果评估

1. 第一节小组活动效果评估

第一节小组活动主题为“很高兴认识你”，主要任务是带动成员认识小组，熟悉小组环境，初步建立信任关系，缓解成员焦虑封闭的心理状态，促成小组间的沟通交流，为后面的活动任务破冰。根据观察社工以及活动结束后的访谈，本节小组目标初步达成，在社工的引导、成员的互动中，成员从一开始的“小团体”主义到慢慢熟络，逐渐适应了小组氛围，在热身游戏的参与中，小组气氛变得开朗起来，沉默也慢慢打破。小组规范制定的非常顺利，孩子们亲身参与，你说我说，踊跃的发表了自己的看法，对主带社工的引导节奏不断适应融合。同伴间信任关系初步建立，为群体间互动支持打下基础。

由于小组招募成员人数较多，在小组第一节场面有些混乱，主带社工的引导稍微有些力不从心，成员间一开始大多充满两极情感，一方面拥有内心的独立性，一方面又渴望与他人互动交流，此时的主带社工以活动流程为指导，引发组员通过游戏寻找相似性，鼓励其彼此交谈消除顾虑，在活动后半段时间，由于小组规范的建立，小组渐渐步入正轨，孩子们思想也开始集中。但由于是小组第一次活动，可能发生的事故没有做到准确预估，还是导致了活动时间的超时，社工在控制游戏的时长上没有把握好，导致在制定小组规范的时候略显仓促。这些在小组结束后的同工分享总结中都有提到，在下次活动准备中要特别注意。

2. 第二节小组活动效果评估

在组员逐渐适应小组环境之后，第二节活动利用心理剧治疗的方法，结合《家有儿女》情景剧的编写，一来增强孩子们团队协作的能力，培养主动性和沟通能力，二来让成员从客观角度来审视良好的家庭环境是怎样去维持的，通过戏剧化的冲突，类比自己的亲子关系，换位思考，从而达到缓和亲子关系恶劣情况的目的。本节活动由于小组规范的约束，组内纪律有了明显好转，在分享环节，社工运用同理、真诚和接纳等技巧，在认真倾听的基础上给予成员有效回应，保证让成员感到被理解与被尊重。

在活动中，笔者和同工们已经发现了合适的小组领袖，在讨论编排日志的环节有意的将该领袖的意见向大家分享，但是收到的效果并不好，该领袖出现了很明显的抗拒行为，甚至情绪变得很激动，一定程度上影响了活动的进程。另外，在分工环节，由于时间的紧凑，社工在引导的过程中太过急于求成，孩子们的自我参与度不高，反而出现了被社工牵着走的感觉，成员没有将自己的想法完全表达，影响了活动质量。这些问题反映出了主带社工在带领小组工作活动中的专业知识还不够牢靠，领导技巧还有待提高。对于小组领袖的抗拒行为，出现这种情况的原因是同工们没有考虑周到，没有事先征求当事人的意见，而是直接以领导人的角色去看待当事人，没有顾虑到孩子的想法，造成了不必要的麻烦，就此，在小组结束后，笔者与同工们及时向当事人道歉，并表明了我们的初衷，希望其给予反馈。这位当事人非常理解，同时向同工们表达了自己内心的想法，希望不要因为此事而影响社工对他的看法。社工们也表示活动的初衷就是为了成员的健康成长，我们会以专业的社工角度公平对待每一位成员。

3. 第三节小组活动效果评估

在总结前两次活动的得失下，第三节活动主要以“我的故事我主导”为主题开展，希望通过小组互动合作，将编写好的情景剧通过肢体语言表现出来，在排练分享中感受人物角色。在小组中期，社工主要是把问题抛给小组成员，让他们自行解决，做到焦点回归，稳定小组，协调矛盾。这一节社工不再过多参与活动，将时间完全交给组员，只在一旁协助孩子们的道具制作。从收到的反馈来看，本次活动效果比前两次好很多，孩子们在小组领袖的带领下，动手动脑，在编排中欢笑多多；各司其职的分工也让组员变得亲密而团结，小组目标慢慢达成，每个小组的排练都逐渐成形，活动任务完成的非常顺利。美中不足的是在小组的开始有部分成员迟到，小组纪律有些松散，影响了部分成员的情绪。在小组最后，社工开始处理离组情绪，告知本期小组即将结束，并传达了最后一次小组活动的具体安排，孩子们显得有些低落，结束后很多孩子们都留下来询问社工离组的相关事宜，从中看出孩子们的不舍，因此在处理孩子们离组情绪这一部分，社工还做得不够好，对于不同的离组情绪要不同对待，对于逃避否定的离组情绪，要给予组员支持，协助其合理疏导情绪；对于沮丧失落的离组情绪，要鼓励其离组后与他人建立密切友好关系，把眼光放到未来；而对于愤怒的离组情绪要及时疏导，表现出理解宽容的态度，避免将矛盾扩大化等。

4. 第四节小组活动效果评估

小组最后一节选择以一个欢乐的汇报形式结束，特别邀请到了成员父母一起参与进来，孩子与父母一起联欢。经过前几节的筹备，每组的情景剧表现得都非常优秀，孩子们在台上表演，父母在台下给以鼓励。在分享环节，成员也不再害羞，在社工的引导下，孩子们借着本次小组向父母表达了他们内心的真实想法，多数成员表示自己已经学会试着去理解父母，在未来的学习生活中将会不断实践在本期小组所收获到的技巧，希望这样的小组都够多多开展，虽然在表达上还不够清楚，但对于维护亲子关系，他们已经迈出了一大步。父母代表也在活动中表达了对孩子需求的回应，小组活动目标基本完成。最后工作人员下发了服务满意调查表，以客观评估本期小组的目标完成情况。

七、研究结论与专业反思

（一）研究结论

1. 非留守时期对留守儿童问题社会工作介入的可行性

目前，越来越多的农村留守儿童利用寒暑假等法定节假日定期前往父母所在的沿海城市，与父母团聚。而这一段珍贵的非留守时期对留守儿童们问题的解决以及亲子关系的改善都是非常有利的，在本次研究中，这一群“小候鸟”们千里迢迢来到父母的城市，通过社工介入，对留守儿童心理、亲子关系等方面存在的问题可以得到有效解决。在非留守时期，孩子与父母面对面沟通，双向的互动，对改善亲子关系，解决留守儿童问题可以起到直接的推动作用，而且时间稳定，每年都可以利用这段时间开展服务，并以此形成一套专业的服务模式，为解决留守儿童问题开辟了新的途径。

2. 关于小组互动成长模式的探讨

留守儿童社会工作说到底是儿童社会工作，既然是儿童，那么在小组活动中就要充分考虑该群体的思维以及行为习惯，以此来设计开展能够让孩子们接受的小组活动。本研究中，在社会互动理论的支持下，利用组内互动的形式，通过建立成长型小组来对组员的行为进行改善的方式在一定程度上是可取的，组员在活动中参与互动，以他人行为为导向，不断自我意识产生自我期待，在首属小组的建立中成长发展，树立正确的积极的行为品格，并自我强化。但是对社会互动可能导致的冲突、竞争与强制没有得到有效化解的话，对小组目标的达成及质量的评估都会产生负面影响，因此在小组领导的把握上对社工有较高要求，一旦社工没有能力处理可能发生的问题，那么将会直接影响服务质量。

3. *解决留守儿童问题是一个多层次长期累积的过程*

社会大环境对留守儿童问题的产生发挥着关键作用，包括城乡二元经济与户籍政策、社会文化、三农问题及其衍生物——农民工问题等诸多因素，因此解决留守儿童问题不是一朝一夕，一蹴而就的。在社会工作领域，针对留守儿童不同问题应该采取不同的工作形式，在这次的研究中，利用该群体特殊的非留守时期针对其亲子关系、缺乏爱与关注等问题进行了小组干预，培养其独立学习思考参与的能力，学会与人良好沟通，尝试理解父母立场，同时鼓励其积极沟通，分享个人感受，不断提高自己的人际交往能力，获得依赖与安全感，使其在思想行动上得到成长，养成正确的行为导向，而这只是解决该群体诸多问题中的一个可行方法，要想彻底解决留守儿童的系列社会问题还需要社会各界链接可能的社会资源，积累有效的解决经验，相互学习借鉴专业化的服务模式，多层次地不断深化服务内容，才能让该群体根深蒂固的社会问题得到合理解决。

（二）专业反思

本次研究利用留守儿童的非留守期这一特殊的时间段开展系列服务是笔者对于小组工作介入留守儿童问题的初探。本次小组活动虽然在社区同工们的共同努力下顺利完成，但还是存在许多的不足需要我们去反思总结：

就服务内容来说，本次小组招募的成员较多，多以男生为主，因此在活动开展过程中对主带社工的专业能力要求相对较高，而笔者作为主带社工在服务中的领导能力凸显不足，面对孩子们在组内热情的互动情绪，不能很好的把控，出现了时间超时，秩序混乱等情况，在组员间出现矛盾冲突的时候，不能准确把控局面，一定程度上影响了服务质量；同时值得注意的一点还有，由于时间的紧凑，社工担心活动不能按时完成，引导的过程中太过急于求成，孩子们的参与度不高，出现了被社工牵着走的感觉，改变了活动的初衷，追求速度而非质量，孩子们的小组角色也发生了变化，影响了小组目标的达成，因此在以后的小组服务中，一方面要提高社工的专业能力，对社工的角色定位要以小组性质的不同而做适当调整，既要成为小组的起始者又要做过程的观察者，同时在小组后期要积极巩固小组成效，做目标的巩固与宣传者；对于小组领导要多多研究，组织、带领和引导小组成员走向小组目标，在领导这部分群体的小组中要特别培养敏感与及时回应的能力，对组员的认知和情绪有及时的察觉与反应，及时的回应可以有效地建立组员和领导者、组员和组员之间情感上的联结，使小组更容易产生同理与共鸣，从而增强小组一体感，升华小组情感联结，另一方面还要有的放矢地把握小组进程，同时学会适当的技巧运用，包括积极倾听、澄清、鼓励与聚焦等，在实践中不断积累经验，提升专业素养。

另外，利用留守儿童非留守期这一特殊时间对该群体开展服务，虽然有其独特的环境优势，但对于服务的质量要求还是比较严格的。如若活动开展的专业性不高，目标达成情况较低的话，对服务的质量将会有明显的影响，笔者认为，相对于留守儿童的留守时期，其非留守时期的时间还是比较短暂的，如果这段时间开展的服务效果不明显，那么这些“小候鸟”返乡之后的系列社会问题没有得到有效解决，正确的行为方式没有得到有效强化，这都是非常可惜的。对此在今后的社工服务中，要尽可能加强社工的服务能力，针对不同问题的留守儿童开展不同的有效的服务则是重中之重，在活动后期的巩固与跟进中，积极联系子女父母，帮助父母解决可能出现的新的亲子问题。

社会工作是助人自助的活动，而社会工作者是社会的医生，目前在国务院的大力倡导下，社工行业面临很大机遇与挑战。社会在不断进步，社会资源在不断扩张，对于复杂深厚的社会问题，解决方法是复杂多样的，社工们需要不断创新，不能单一的从一个角度去思考解决的方法，在丰富完善社会工作理论的同时要敢于实践，用实践完善理论，再用理论助力实践，促进社会工作更好更快的发展，为推动社会发展贡献自己的力量。

第九章 西部农村留守儿童学校社会工作服务体系

以学校作为载体和平台，以现有的教师、学校硬件等为资源，加上当前义务教育政策体系下辍学率低、留守儿童在学校比较集中的优势，开展留守儿童学校社会工作服务，是非常契合留守儿童的实际生活特点、能够发挥社会工作优势的服务渠道。本章结合对西部地区中小学校、留守儿童学校社会工作实施情况的实地调查，探讨我国西部地区农村留守儿童学校社会工作服务的体系架构。特别需要指出的是，课题组结合2012—2013年实施的留守儿童社会工作服务项目，以行动研究的方法，探讨了留守儿童学校社会工作的服务方法。

一、学校社会工作的发展历程及启示

（一）学校社会工作的生态系统

王思斌指出，学校社会工作是将社会工作的理论、方法及技巧运用于教育机构和相关设施中，致力于改善学习环境和条件，帮助有困难的学生提高适应学习和生活的能力，通过与学生及其家长以及学校和社区的互动，协助预防和解决学生问题，促进学生健康成长，形成“家庭—学校—社区”三者之间的良好互动关系，构筑学生健康成长的和谐环境，引导学生寻求个别化和生活化的教育，建立社会化人格，使学生更好地适应当前与未来生活的一种专业服务①。从该界定可以看出，学校社会工作承担了为学生构建家庭、学校、社区这一个由小到大的社会生态系统、从而促进学生健康成长的重要职能，而具体到留守儿童来看，其家庭教育不完善、家庭结构不完整，所需社区资源、社会支持亟需弥补，非常契合学校社会工作者的服务性质。

（二）学校社会工作的发展历程

西方发达国家学校社会工作的发展历程经历了一个质的转变，其主要表现在由监督性服务发展为福利性服务。这种转变，为我们开展留守儿童学校社会工作提供了相关启示。一般来说，西方学校社会工作的萌芽，肇始于义务教育的普及和推广。为了扫除文盲、提高教育普及率，英国、美国、加拿大等国家在19 世纪末、20 世纪初实施了义务教育的相关法令。这些法令的推行，使得儿童就学成为自身不可剥夺的权利。但是在当时经济发展慢、劳动力不足的背景下，很多家庭需要儿童参加劳动从而弥补家庭经济不足，许多家长不理解教育投入的长期性、回报的延后性特点，对儿童入学持不支持态度。② 由此，儿童入学也就面临各种问题。在义务教育法令的约束下，很多国家对儿童就学采取了一定强制措施，其执行方式就是早期的学校社

---

① 王思斌：《社会工作实践权的获得与发展——以地震救灾学校社会工作的展开为例》，载《学海》2012 年第 1 期。

② Marion Huxtable and Eric Blyth. *School Social Work Worldwide*. Washington DC：NASW Press. 2002：263 – 268.

会工作。[①] 随着入学率的升高、教育普及面的扩展，学校社会工作的主要宗旨不再是促进儿童入学，而是儿童学校内的健康发展和权益保护，其服务理念也就发展为福利性服务。

1. 英国学校社会工作的发展

在19世纪的英国，随着义务教育法令的实施、强制入学的推行，出现了“学校入学官”（School Attendance Officer，SAO）的职务，负责劝服、要求家长送儿童入学接受教育。经过近一个世纪的演变，这一职务从名称上改变为“教育福利官”（Education Welfare Officer）或“教育社会工作者”（Education Social Worker）等称呼。通常来说，英国的教育福利官一般不直接受雇于学校，而是由政府福利部门和社会服务部门提供工作经费，与学校不形成隶属关系，可以独立自主开展工作。同时，英国还有一些全国性的行业协会，例如教育福利管理协会（AEWM）、全国教育社会工作者协会（NASWE），负责协调全英学校社会工作事务，并开展大量学校社会工作人员培训、服务标准制定、服务能力认证等工作。

从职能上来看，当前英国的教育福利官已经大大突破了其最初督促甚至强制儿童入学的职责，而是以儿童权益保护为核心宗旨，提供各种类型的社会福利服务，例如：学龄前儿童的看护安排，禁止童工，为长期失学儿童提供教育帮助，新搬迁家庭儿童的就学联络和入学适应，儿童及青少年滥用毒品，学

① Garrett，K. J. & Barretta，H. A. “Missing Links：Professional Development in School Social Work”. Social Work in Education. 1995（17）：235 - 243.

生怀孕及“母亲学生”服务，儿童不良行为及人际交往困难服务，为保护儿童权益出庭辩护，与其他社会福利服务机构合作开展儿童权益保障服务，儿童政策倡导等各个方面。一般来说，一名教育福利官可以负责一所或者多所学校的社会工作，但是针对规模大、问题较为复杂的学校，可能会有几名教育福利官共同提供学校社会工作服务。①

2. 美国学校社会工作的发展

美国学者林·拜和米歇尔在《学校社会工作：从理论到实践》中指出，美国的学校社会工作服务，以 1906 年到 1907 年在纽约、芝加哥等地出现的“家庭访问教师”为开端②。在 20 世纪初，美国工业化、城市化进程的加快，外来移民大量涌入，学校生态环境的文化多元不仅激化了种族矛盾，也为学生的适应、行为偏差奠定了基础，例如，学生退学现象比较严重，男女学生之间性问题突出，盗窃、族群纠纷问题频发，学生侮辱甚至殴打老师的情况也经常出现。在此背景下，纽约的移民安置工作者派遣就学管理员（Attendance Officer）前往学校、家庭考察，希望能够协调各方面力量应对学校出现的各种问题；波士顿的妇女教育协会、哈特福德的心理诊所派出家庭访问教师（Visiting Teacher）到学校开展学生、家庭、学校等各方面的沟

① Eric Blyth and Helen Cooper. “School Social Work in the United Kingdom：a Key Role in Social Inclusion”, in Marion Huxtable and Eric Blyth. *School Social Work Worldwide*. Washington DC：NASW Press. 2002：23.

② Lynn Bye, Michelle Alvarez. *School Social Work*：*Theory to Practice*, Belmont, CA：Thom-son Brooks/ Cole, 2007：6.

通工作，这些被认为是美国最早的学校社会工作者。[①] 之后，纽约利罗契斯特城公立学校组织1914年成为美国第一个从预算中提供社会工作服务资金的组织；40年代后，美国社会福利机构在学校设立专业机构和服务岗位，与教师和其他机构、人员合作开展学校社会工作服务；70年代后，美国学校社会工作发展迅速，工作者们强化建立以学校为载体的家庭、社区沟通渠道；1994年，“美国学校社会工作协会”（SSWAA）成立，在促进学校社会工作的人才培训、行业交流、标准制定、专业化发展、政策倡导等各个方面都起到了重要作用，极大地促进了美国学校社会工作的整体发展。[②]

美国的学校社会工作体系与英国不同，其学校社会工作者不是隶属于政府福利机构或社会组织，而是属于学区内部的学生事务服务人员。在联邦层面，美国设立了“学校社会工作服务全国州顾问委员会”，指导全国学校社会工作的发展；美国的很多州教育办公室，设置了学校社会工作顾问，促进本州学校社会工作发展，并为学校社会工作者提供培训、评估等帮助；各学区聘请专业社会工作者开展学校社会工作服务，他们通常与学校心理专家、教师等专业人员合作，共同致力于学生权益保护和教育发展。[③] 美国的学校社会工作者被认定为是解决学生问题的专家，所以从全国性行业组织、州教育主管部门、学区和学校等各个层面都非

---

① G. Lee. *Helping the troubled school child: selected readings in school social work*, Washington DC: National Association of Social Workers, 1959: 107 – 129.

② P. Allen – Mears. *Social work services in schools*. Boston: Allyn & Bacon, 1996. 25 – 28.

③ Michael E. Ward. *School Social Work in North Carolina: A Guide to Practice and Policy*. Raleigh: Public Schools of North Carolina, 1998. 28.

常关注学校社会工作者的技能培训和职业生涯发展，这也是美国学校社会工作得以蓬勃发展的一个关键因素。

从职责上来看，美国的学校社会工作者主要表现在两个方面：第一是协助学生满足自身的教育需求，第二是发掘并激发学生实现其学习和发展潜能的各种因素。[①] 在第一个职责层面，学校社会工作者通常要在家庭、社区层面开展调查，确保学生入学教育权利得到保护，同时要充当学生、家庭、学校、社区、社会组织等各方面的链接点，以社会生态系统为基础，评估学生的教育需求并加以干预。在第二个职责层面，学校社会工作者要在复杂的社会文化环境中，帮助学生应对毒品滥用问题、学校欺凌问题、文化冲突和文化误解问题、学校环境不良问题、同伴交往及性问题、学习表现不良及学业压力等问题，在此基础上发掘学生潜能，以促进学生的学业发展及教育成长。为实现以上职责，美国学校社会工作者通常运用以下四种模式提供服务，包括传统临床模式、学校变迁模式、社区学校模式和社会互动模式。[②]

3. 加拿大学校社会工作的发展

加拿大学校社会工作的产生与其他西方国家类似，都与儿童强制入学有着密切关联，或者说，义务教育强力推行背景下儿童就学权利的保护直接催生了加拿大学校社会工作的形成。19 世纪后半期，加拿大推行了 12 年义务教育法令。但是同期，

① 鲁艳桦：《美国学校社会工作发展及其启示》，载《教学与管理》2011 年第 4 期。

② J. J. Alderson. “Models of School Social Work Practice”. In R. C. Sarri and F. F. Maple (eds). *The School in the Community*. Washington, DC: NASW Press, 1972. 57 – 74.

加拿大正经历工业革命，许多工作岗位可以不需要成年人的体魄和技术，年龄稍大的、可以进行机械劳动的童工就大量出现，这便形成了与强制教育的矛盾。在这个背景下，教育管理机构设置了“逃学与就学部门”，以督促家长送适龄儿童入学、保障儿童教育权利，这便是学校社会工作的雏形。直到20世纪40年代，在加拿大各地区公共健康部门的推动下，许多社区心理健康服务人员为儿童、青少年开发了心理治疗项目，在许多学校予以实施，并开展社会工作介入服务。随着这些学校社会工作实践活动的推行，许多学校设置了独立的社会工作部门，也有一些学校与心理健康机构开展合作，由后者派遣专业人员为学生提供心理指导和社会工作服务。①

在加拿大，学校社会工作者主要由各省提供预算资金、由地方教育委员会聘用。聘用后，学校社会工作者往往被分派到学校、教育中心或社区服务中心提供专业服务。② 同时，加拿大的学校社会工作者都会加入某个专业协会成为会员，以便于行业交流、培训及统一标准，在全国层面，有“加拿大社会工作者协会”（CASW）、“加拿大学校社会工作协会”（CASSW）、“加拿大学校社会工作者和就学顾问协会”（CASSWAC），各省也有自己的社会工作者协会或学校社会工作委员会。这些组织

① Jane Loughborough, Wes Shera, and John Wilbelm. “School Social Work in Canada: Historical Themes and Current Challenges”. In Marion Huxtable and Eric Blyth. *School Social Work Worldwide*. Washington DC: NASW Press. 2002: 66.

② Jane Loughborough, Wes Shera, and John Wilbelm. “School Social Work in Canada: Historical Themes and Current Challenges”. in Marion Huxtable and Eric Blyth. *School Social Work Worldwide*. Washington DC: NASW Press. 2002: 68.

为学校社会工作者提供交流、培训、资格认证等服务，在教育政策和社会福利政策方面提供倡导和咨询，极大地推动了加拿大学校社会工作的发展和研究。

从工作职责来看，加拿大学校社会工作者一般要承担咨询、协调、合作与干预的责任，具体包括：为学校管理人员、学生辅导人员、教师、家长及学生等各方人员提供学生心理与行为、教育福利政策等各方面的咨询服务，提供学生之间、学生与家庭之间、学生与教师之间、学生与学校管理层之间的矛盾协调服务，开展学校与社区、福利机构、社会组织的合作、转介服务，为面临困境的学生个人、家长提供干预服务，例如学生或家庭经常面临的学业问题、心理健康问题、行为偏差问题、药物或毒品滥用问题、家庭矛盾问题、学生欺凌问题等等。①

4. 其他国家和地区学校社会工作的发展

另外，世界其他国家和地区也推行了学校社会工作服务实践。北欧国家在上世纪 40 年代以“学校看护员”的岗位推行学校社会工作，注重儿童教育权利保护和问题预防；德国、韩国、澳大利亚、阿根廷等国家也在上世纪 60 年代先后开展学校社会工作服务；我国香港地区在 20 世纪 70 年代，由社会福利组织开始在中小学开展学校社会工作服务并取得显著成效，其后香港政府大力推行，制定政策、提供经费，在 2000 年已经全面实现了“一校一社工”的目标。

---

① 文雅、Wendy Thomson：《加拿大社会工作的发展、现状及挑战》，载《社会工作》2014 年第 1 期。

（三）学校社会工作发展的启示

由以上各国家、地区学校社会工作发展的历程可见，学校社会工作经历了由强制性服务到福利性服务的发展转变，这种转变是以经济社会发展、教育理念提升、教育普及面拓宽为基础的。当然，由兴起到蓬勃发展，说明了学校社会工作在服务儿童、青少年，及以此为平台，构建学校、家庭、社区、社会组织的良好生态系统①，是非常有效的。总体上来看，考察学校社会工作的发展之后，我们可以得出如下启示：

第一，学校社会工作服务总体上是有效的，值得借鉴和推广。从美国等发达国家和地区学校社会工作的具体实践来看，学校社会工作承担了四个方面的职能：首先，通过学校宣传、社区教育、工作坊等方式，对儿童开展学校教育以外的服务，有利于预防儿童问题形成；其次，对儿童面临的教育权利剥夺、校园暴力、家庭危机、行为偏差、交往能力欠缺等问题进行干预，有效地协助儿童解决自身及家庭面临的各种问题，在此基础上，促进儿童潜力的发掘；再次，链接并整合家庭、学校、社区、社会组织等资源，共同为儿童营造良好社会生态系统；最后，在儿童福利政策、儿童教育政策等方面开展政策倡导，在服务标准方面制定统一规范，有利于学校社会工作的持续发展。由此可见，发达国家和地区学校社会工作服务在总体上是有所成效的，值得我国借鉴实施。

---

① 张燕婷：《学校社会工作的本土化实践——基于生态系统理论的地方性探索》，载《学海》2015年第3期。

第二，学校是为儿童提供社会工作服务的理想场所。学校社会工作发展之初，主要工作内容是保障儿童就学权利，满足儿童教育的需要。在当前经济发展、社会转型的大背景下，各方面的问题均呈现复杂化的趋势：儿童个体层面，面临药物及毒品滥用、学业表现不良、网络沉迷、早恋早孕、性侵害等问题；家庭层面，面临家庭暴力、离婚伤害、儿童虐待、家庭结构不健全、家庭教育弱化等问题；学校层面，面临教学质量与社会需求脱节、学生欺凌、校园暴力、教育资助不健全等问题；社区层面，面临邻里关系冷漠、社区服务不足、社区贫困、移民与宗教等多种问题。所有这些问题均增加了传统学校教育的困难，文化教育和思想教育工作很难予以全面的应对。发达国家和地区学校社会工作的发展，证明了运用社会工作的技巧，构建学校、家庭、社区、社会组织等多方参与的社会生态系统，共同致力于儿童及其生活环境问题的解决，是能够有效弥补传统学校教育不足的。[①] 从这个角度来看，学校是开展儿童社会工作服务的理想场所。

第三，严密的组织体系是学校社会工作发展的保障。不论是英国受雇于政府福利部门、还是美国受雇于学区的学校社会工作者，抑或是兼具政府资助和非政府组织资助的香港学校社工，都有着良好的、严密的组织体系。这个体系既体现在相关法律法令层面，也体现在人、财、物的管理层面，还体现在服务理念、服务标准、服务方法等各个方面，当然更体现在各级、

① 程晋宽：《信息社会英国、美国、加拿大学校社会工作的比较》，载《外国中小学教育》2011 年第 10 期。

各类行业协会、社会组织的自我促进、自我发展。只有拥有完备、严密的组织体系，学校社会工作的持续发展才有可能。这方面也是我国当前急需突破的。

第四，注重人才培训是学校社会工作发展的关键。从发达国家和地区学校社会工作的发展来看，不论是政府福利、教育部门，还是学校社会工作行业组织，乃至学校，都非常注重对学校社工的持续培训。以美国为例，美国的学校社会工作者往往都被看作是专家和专业人员，有很高的社会地位和认同。但是取得社会工作资格，需要有规范的课程教育和专业组织的认证。所以，各个州都实施了规范的认证体系和积极的培训措施，为学校社工开设涉及服务伦理、人类行为与社会环境、多元文化融合、制度变迁和社区变革策略、社会工作评估与干预技巧、家庭与社区动力等覆盖范围广泛的课程体系，使得学校社工在理解社会变革、人类行为、人际关系，采取恰当的预估、诊断、计划、干预、评估方法等方面具有专业技能，可以承担起服务于学生、家庭、学校、社区的重要职能，真正成为受到各方面认可的、具备专业知识的行业专家。① 这些教育和培训既有利于学校社工知识、技能的持续更新，以便根据不断发生的问题不断形成应对办法，促进问题的有效解决；也有利于形成、更新、落实学校社会工作的统一实施标准、评估标准，促进学校社工个体、社会组织、行业协会的协同发展。所以，学校社会工作发展的关键是人才的培养和培训。

---

① Garrett, K. J. & Barretta-Herman, “A. Missing Links: Professional Development in School Social Work”. Social Work in Education. 1995 (17): 235 - 243.

第五，自上而下与自下而上的结合，才能保障学校社会工作的持续发展。从以上对学校社会工作发展历程的简单梳理可见，西方多数国家学校社会工作的发展，最开始是通过政府部门针对学生就学不足、教育普及率不高而主动实施的，是一种自上而下的发展路径；与此相反，香港等地区学校社会工作的发展，肇始于香港的基金会和慈善组织对学校问题、学生问题的关注和介入，政府部门在看到实施成效后再来参与推动的，是一种自下而上的发展路径。当然，学校社会工作在自上而下发展后，社会组织与行业协会（也包括在此过程中催生大量的社会组织）的主动、积极参与，可以有效弥补政府部门在人才、资金、知识等方面的不足。另一方面，学校社会工作在自下而上发展后，也需要政府部门的官方认同，更需要法律、政策、制度和资金等方面的支持，以此才能持续发展。所以，只有自上而下与自下而上的共同努力、政府和社会的互动和互补，才能保障学校社会工作的持续发展。

二、西部留守儿童学校社会工作的体系架构

从对学校社会工作发展历史的梳理和启示分析来看，各个国家和地区所开展的学校社会工作对学生、家庭、学校等面临的问题有着超越传统教育方法的优越性，也可以说弥补了传统教育的不足。事实证明，开展学校社会工作对于解决儿童面临的工作问题是行之有效的，那么对于西部留守儿童亦是如此。而我国的学校社会工作起步很晚，最早的探索也仅仅是 21 世纪初期，与西方发达国家相比晚了近一个世纪。就目前来看，留

守儿童、尤其是西部留守儿童是亟需采用社会工作方法体系予以介入的特殊群体，可以以该服务对象为契机，初步构建一套行之有效的学校社会工作服务体系架构。当然，在探讨这种架构之前，我们还是应该以西方国家和地区学校社会工作为参照，对比我们当前的现状，并根据西方经验和这些现状，来构建西部留守儿童学校社会工作服务体系架构。只不过，课题组在西部各地区的调查中发现，我们的学校社会工作总体上还处于萌芽阶段。

（一）西部地区学校社会工作发展的现状

我国学校社会工作较早的系统性探索是在 2002 年的上海，浦东新区在部分学校试点“一校一社工”制度；2007 年以后，深圳、东莞、广州等珠三角地区由政府主导、采取“政府购买服务”的方式，开展了学校社会工作的试点工作；之后，北京、武汉等地的社工机构和政府部门合作，也开展了不少学校社会工作的尝试工作，但仍未上升到制度、体系层面。而我国西部地区学校社会工作的探索则显得更少。比较有代表性和影响力的是四川广元的希望社工的（全称为广元市利州区希望社会工作服务中心）“希望学校社会工作服务项目”和甘肃陇南的西部阳光（全称为北京市西部阳光农村发展基金会）“农村寄宿制学校驻校社工服务项目”，课题组予以了详细的实地考察。

2008 年汶川地震后，中国青少年发展基金会和中国社会工作教育协会联合发起和举办的一个灾后志愿服务项目“希望学校社会工作服务”在广元和德阳等地区正式实施，为灾区学校开展驻校社工服务。经过近三年的服务运作，项目服务的专业性和有效性得到了当地学生、家长、学校和地方政府的高度认可，为灾后学校精神家园的重建做出了突出贡献。在此背景下，项目运行的各方均希望将该公益项目变为固定的社工服务机构，扎根当地、持续服务。随后，中国社工教育协会、中国青基会在考察和协调后决定，在广元市利州区登记成立独立的社会组织——广元市利州区希望社会工作服务中心，利州区教育局提供办公、活动场所，并为实习生提供住宿条件，出资 40 万元购买希望社工在该区十余所学校的驻校服务，由此，希望社工得以成立并持续开展学校社会工作服务。希望社工依托于中国社工教育协会的广泛资源，在督导、实习生、志愿者等方面均获得了大量支持，也成为国内第一家全国性的高校社会工作专业实习基地。截至 2014 年底，希望社工在青基会和利州区教育局的资助下，为利州区 11 所学校的师生提供了 13 万人次的服务；同时，与国内 65 所社工高校建立合作关系，先后为近 300 名社工学生、志愿者提供了实践和培训机会；进一步来看，希望社工还在 4. 20 四川雅安地震和云南 8. 03 鲁甸地震发生后立即奔赴灾区学校，提供紧急支援服务。

西部阳光“农村寄宿制学校驻校社工服务项目”源于对我国农村寄宿学校服务欠缺的担忧。2001 年《国务院关于基础教育改革与发展的决定》提倡基础教育学校实行寄宿制度，之后的几年时间内，大量生源不足的农村教学点被撤销，各地兴起了生源集中、寄宿学校的建设风潮。事实上，这些寄宿学校中相当一部分是将原村小的孩子（许多都是留守儿童）集中到乡镇中心学校就读，寄宿的硬件环境难以跟上，学生服务方面的软件更是欠缺。西部阳光认为，在寄宿制的乡镇学校里，孩子们缺少生活教育和家庭温暖，由此面临了很多不同于原来走读制的生活压力，这一切是因为“他们的成长中少了陪伴者”。于是，自2011年起，西部阳光在甘肃陇南成县的3所学校开展“农村寄宿制学校驻校社工服务项目”，随后又扩展到礼县、康县的共计12所学校。从资金来源看，该项目自2011年至2015年，共筹集资金300余万元，筹集的对象主要是项目合作伙伴，包括汇丰银行、香港乐施会及其他一些经济组织和社会组织，还有一些零散的民间捐赠；从项目的实施方式来看，西部阳光从社会工作等专业人员中招募志愿者，经过选拔、系统培训后，派驻到项目点学校（通常来说，每个学校派驻一男一女两人，一般以一年为服务期），由这些具备专业社会工作服务技能的志愿者担任驻校社工、开展服务，期间，西部阳光为驻校社工提供督导、总结评估等方面的服务和管理；从服务内容来看，驻校社工为学生提供个案、小组等服务以解决儿童成长中的困惑，为儿童之间、师生之间、儿童与家庭之间提供关系协调服务，为儿童组织丰富多彩的课外活动以娱乐身心；在社会认可度方面，该项目获得了2012年深圳慈展会实施类项目的金奖。

以上两个个案可以被看作是西部地区服务于儿童（包括留守儿童）的典范，但是对于更大多数的其他西部地区而言，学校社会工作，特别是留守儿童的学校社会工作几乎还是空白，我们距离学校社会工作制度化、专业化还有很长的路要走。当然，希望社工和西部阳光所开展的学校社会工作服务探索，也为我们提供了一些启示：

希望社工能够扎根于广元，本身就说明了社会工作对于学生问题介入的有效性。其依托于专业资源（中国社会工作教育协会），可以吸纳包括督导、社工、实习生、志愿者等诸多资源；依托于经济资源（中国青少年基金会、利州区教育局等资助方和购买方），可以获得持续的经济来源，保障社工中心的持续运行；依托于主管部门（广元市利州区教育局），在项目点的安排、与学校协同关系的处理、获得地方支持等方面，具有很大优势；依托自身的法人资格，可以在开展项目的同时，向其他基金会、政府部门申请项目资助，扩大资金来源，形成更大的影响力。在具备了以上条件和基础之后，希望社工方才得以持续运行。所以，希望社工是一个从学校社会工作的项目试点，到规范化、制度化的组织运行的结晶。但是，反过来看，希望社工所开展的学校社会工作服务可以大范围推广吗？课题组经过审慎的思考后认为，在当前社会工作知晓率较低、影响力不足的背景下，是很难推广的。首先，中国社工教育协会等行业组织自身的行动能力有限，如果不是灾后服务的契机，希望社工也就不会产生，但是中国社工协会参与了很多的灾后服务，也只是诞生了希望社工这一家机构；其次，地方政府的对社工的认知与合作态度很重要，青基会和中国社工教育协会在汶川地震后，在多个地区开展了学校社会工作服务，但最后也只是与利州区教育局合作创办了社工机构，这说明其他地方政府部门在学校社会工作的认知上还是有所差异的。由此可见，由具备社会工作专业知识的组织（或个人）与地方政府合作（特别是教育部门）开展学校社会工作，是可行但是难以在西部地区广泛推广的。只有地方政府部门认识到学校社会工作的有效性，愿意主动投入，才能构建起恰当的服务机制。当然，这需要一个很长的过程，也需要学校社会工作的实务组织、个人通过不断的提供服务，扩大影响力，才可能有所改变。

西部阳光本是北京的一家基金会（也是社会组织的一种），在国家裁撤、合并基础教育学校（特别是农村学校）、农村寄宿制大范围兴起之际，以“陪伴”为理念，筹集资金、组织人员，派驻到西部农村学校开展社会工作服务，陪同孩子们一起成长。这种基于国家政策“副作用”、基于组织的恰当理念、基于创办人慈善心的服务行动，对于儿童成长，无疑也是很有帮助的。但其缺陷也很明显，服务的范围、受益面是有限的。虽然项目覆盖了甘肃陇南的3个县、12所寄宿制学校，但是在更为广泛的西部地区其他学校、其余的6000万留守儿童，则无法享受到这些服务。所以，以基金会作为经济资源、人才资源吸纳的平台，与地方合作开展学校社会工作服务，虽然有成效，也有服务、慈善的影响力，但是如果缺乏地方政府部门的跟进、学校社会工作相关制度的建立，对儿童、特别是留守儿童仍然难以形成广泛的服务效果。

以上两个案例都有一个共同特点，那就是一些富有责任心和爱心的民间力量，以自下而上的方式，推动了西部地区学校社会工作的萌芽，那么，根据前文中对学校社会工作发展历程梳理所形成的启示，我们接下来的主要工作，是自上而下的发展，即政府部门对学校社会工作的制度建设，从而保障这一有效的服务方式得以发展。但是，课题组通过实地调查和查阅资料发现，西部地区政府部门对学校社会工作的经济支持非常有限，只有成都、昆明等地采用政府购买服务的方式投入经费开展了一些学校社会工作服务；从人才发展来看，课题组查阅了西部八省市区地方教育部门发布的80个基础教育阶段教师招考公告，所有公告中无一例外的均招收传统的语文、数学、英语、体育等类型的教师，没有任何一个地方的教育主管部门在招聘农村及乡镇教师（甚至包括偏远地区的“特岗教师”）愿意招收社会工作专业人才的。所以，我们当前在学校社会工作的经费投入、人才招收、制度建设、服务机制等方面，还可以进行深入探讨，以构建西部留守儿童（也包括其他类型儿童）学校社会工作的服务体系。

（二）西部留守儿童学校社会工作的体系架构

从课题组的调查来看，西部留守儿童是学校社会工作的主要服务对象之一，本部分探讨的西部留守儿童学校社会工作体系并不是说不能适用于其他类型儿童。事实上，我们更愿意将留守儿童作为一个引子，在更大层面上探讨西部地区乃至全国范围内学校社会工作服务体系的架构。

1. 西部留守儿童学校社会工作的组织管理

从西部留守儿童学校社会工作的组织管理来看，地方政府部门、特别是教育主管部门可以牵头成立管理机构，通盘负责本地区留守儿童学校社会工作的组织管理。西部地区经济社会发展相对落后，这也是大量留守儿童得以形成的宏观背景。越是在这种情况下，越应该重视对儿童福利服务事业的投入，只有人才得以培育和发展，地方经济社会发展才有源源不断的动力。从欧美等国家学校社会工作的自上而下发展经验来看，政府教育部门是起主导作用的，也只有政府部门的行政性推动，才能使得学校社会工作得到较大范围的覆盖，以便服务到更多的留守儿童及其他类型儿童。

2. 西部留守儿童学校社会工作的经费来源

从西部留守儿童学校社会工作的经费来源看，应该发挥政府组织、社会组织和经济组织的共同协力作用。第一，地方教育部门可以将聘请专职驻校社工经费、活动平台及物资经费、向社会组织购买社工服务等方面的经费纳入财政预算。这些经费应该是学校社会工作经费的主体。事实上，国家非常重视向社会力量购买专业服务，例如，2013 年《国务院办公厅关于政府向社会力量购买服务的指导意见》发布，明确指出各级政府部门可以将向社会力量购买服务的经费纳入预算；2014 年财政部颁布《政府购买服务管理办法（暂行）》对政府购买服务行为进行规范；各省市也在以上文件的基础上明确了政府购买服务的指导目录。所以，地方教育部门可以将发展学校社会工作的相关经费纳入预算。第二，社会组织特别是各类基金会，可以就近资助地方性社会工作机构，向有需求的农村基础教育学校派驻社工，以弥补地方教育部门经费和人才的不足。事实上，根据国际惯例，基金会的主要职责是公众筹款，然后资助专业组织开展社会服务，而不是自身投入到具体的服务项目之中。我国当前大量基金会将筹集到的款项用于自身开展社会服务，而不是对其他社会组织进行服务项目的资助，做了很多自己并不擅长的事情。第三，经济增长及慈善人士，可以对社会组织提供经费支持，资助社会组织向学校派驻社工，开展专业服务。在当前我国慈善文化低迷、慈善信任降低的背景下，以上三种经费来源中，政府资金应该起到主要作用。“学校社会工作毕竟是教育领域内部社会服务的制度建设，唯有教育系统自己行动起来，才能构建出适合现代教育目标的学校社会工作制度。”①

3. 西部留守儿童学校社会工作的人才来源

从西部留守儿童学校社会工作的人才来源看，应该结合内设社工和外派社工两种方式。第一，内设社工是指由地方教育主管部门为学校聘用的专职社工，他们不一定要承担传统科目的教学任务，主要工作是开展学校社会工作服务。前文也指出，在当前基础教育阶段教师的招考中，地方教育主管部门尚未意识到招聘社工担任基础教育教师，这种政策和意识都应该有所调整。应该为中小学、特别是农村地区、留守儿童较为集中的中小学招收一定数量的社会工作教师，与其他类型的教师同等待遇，以便从学校内部开展学校社会工作服务。第二，外派社工是由社工机构接受政府、基金会或社会资助后，按照服务方案向学校派驻的专职社工。这两种人才来源在欧美国家和我国港台地区也都广泛存在，是符合学校社会工作发展规律的。有学者指出，外派社工的好处是社会工作者归属于独立的专业服务机构，由于机构有比较规范的培训和督导，社会工作者的专

① 史柏年：《学校社会工作：从项目试点到制度建设——以四川希望学校社会工作实践为例》，载《学海》2012 年第 1 期。

业性和自主性比较有保障，局限是与学校的整体目标的协调可能出现困难。内设社工的好处是与学校的整体工作一致性较强，局限是社会工作者的工作自主性可能会受到干扰，同时由于不能及时得到同行的支持与帮助，其专业性水平可能会受到影响。[①] 各有利弊是正常的，只要政策框架先搭建起来，不论是内设社工还是外派社工，都可以通过其他方法予以慢慢完善。

4. 西部留守儿童学校社会工作的平台建设

在具备了管理体系、经费来源和人力保障后，开展学校社会工作还需要一定的平台，例如学校内部社会工作制度的建立、活动场所的落实、专职社工和传统科目教师的关系、服务对象的转介方法等都应该有所规范。当然，就目前来看，平台硬件的持续建设显得非常重要。在前文中，课题组梳理了西部地区当前针对留守儿童开展的各种服务形式，包括心理咨询室、亲情连线、儿童托管等多种服务路径，但是其实际运行中往往由于经费、人才的持续投入不足，多数服务路径无法持续开展。事实上，当前很多地方的教育主管部门和学校把很多精力放在了硬件的一次性投入上，后续的维护经费欠缺。前文也指出，现有服务体系是开展学校社会工作服务的重要资源，如果教育主管部门能够对这些平台进行持续投入，加上学校内部配备的社工或社会组织派出的驻校社工的努力，这些资源将可能发挥更大的作用。

① 史柏年：《学校社会工作：从项目试点到制度建设——以四川希望学校社会工作实践为例》，载《学海》2012 年第 1 期。

5. 西部留守儿童学校社会工作的服务内容

结合欧美和我国港台地区学校社会工作的服务经验，我国西部地区开展留守儿童学校社会工作，应该包括三个方面。第一，预防性服务。当前留守儿童普遍面临的安全问题、人际交往问题、家庭沟通问题、社会适应问题、资源链接能力弱等问题，这对这些，应该开展以预防为主的服务。例如，女童预防性侵犯能力训练、地震等自然灾害逃生能力训练、人际交往能力提升训练等等。第二，干预性服务。当留守儿童面临紧急状况时，应该运用社会工作理念和专业方法，予以及时干预，以协助其解决面临的困境，并在此过程中发掘潜力、提升自我解决问题的能力。第三，拓展性服务。将留守儿童社会工作服务拓展至校外，包括家庭、社区、社会组织及相关政府部门。一方面可以为留守儿童构建良好的社会生态系统，另一方面也有利于预防各种问题的产生。例如，学校社工与留守儿童在外务工的家长保持联系，协助儿童构建微观层面的支持网络；与村社区保持合作，便于及时了解留守儿童校外生活状态，并及时反馈情况；与各种社会组织保持联系，表达需求、寻求帮助；与儿童福利机构、医院、公安机关、建立合作关系，利于紧急状况时寻求帮助和特殊个案的转介；与教育行政部门保持联系，一方面可以寻求资源，另一方面可以对儿童福利服务问题提出信息反馈和政策建议，以便留守儿童社会服务制度更为完善。

6. 西部留守儿童学校社工的督导和培训

在明确了管理体系、经费来源、人力保障、服务平台和服务内容后，对于学校社会工作的持续发展，督导和培训是必不可少的。首先，社工督导是保障一线社工服务质量、降低职业倦怠的重要制度。外派社工可以依托自身的社工机构得到督导，而学校的内设社工，应该与就近开设社工专业的高校或社工机构形成合作关系，以建立实践基地、购买服务等方式获得督导服务。其次，社工培训是确保社会工作服务质量、统一服务标准的重要手段。

关于学校社工的培训，有两条路径可以走：一方面是教育系统内部组织的培训，在各级教育主管部门组织的基础教育阶段教师的培训中，除了教学业务培训之外，还应该加入有关留守儿童认知、学校社会工作服务方法、心理学等方面的培训内容。课题组详细考察了由教育部和财政部于 2010 年全面实施的“中小学教师国家级培训计划”（简称“国培计划”），该计划以农村中小学教师（含部分幼儿园教师）置换脱产研修（与承担项目的高校高年级师范生置换）、农村中小学教师短期集中培训、农村中小学教师远程培训等方式，提高农村教师的教学能力和专业水平。课题组查阅了《“国培计划”课程标准（试行）》及历年承担该项目的各高校课程目录，课程标准都是对常规语文、数学等科目提出教学要求，各高校开设的培训课程也基本不涉及留守儿童问题、社会工作或心理学知识。由教育部组织的、倾向于西部基础教育阶段教师的培训，都没有考虑到传统教育以外的其他知识和技能培训，那么由其他层级政府或行业协会组织的培训，也就更难涉及到这些内容。由此可见，在学校社会工作者本来不足的情况下，为现有教师开展社会工作知识和技能的培训，应该纳入到各级教育主管部门的培训体系之中，此举可以帮助更多教师了解社会工作知识，甚至可以促进部分教师转岗为学校内设社工。第二条路径是依托于社会工作行业组织开展的培训。从前文可见，不论是欧美国家，还是我国香港地区，社会组织在学校社会工作的发展过程中发挥巨大作用。我国的社会工作行业组织应该密切与地方政府部门配合，研究并制定学校社会工作的统一服务标准，广泛培训社会工作人才，学校和地方教育主管部门应该资助学校社工参与这些培训，以提升服务质量。

综上所述，学校社会工作的发展历程启示我们，学校是开展儿童社会工作服务有效且理想的场所，组织体系的构建、人员培训、政府和社会组织的共同推动是学校社会工作发展的基本保障。在这些经验启示下，课题组结合我国西部地区以及留守儿童的实际情况和需求，设想并构建了一个从组织管理到经费来源、人才来源、服务平台、服务内容、督导与培训等六个层面的西部留守儿童学校社会工作服务体系（见图9－1）。

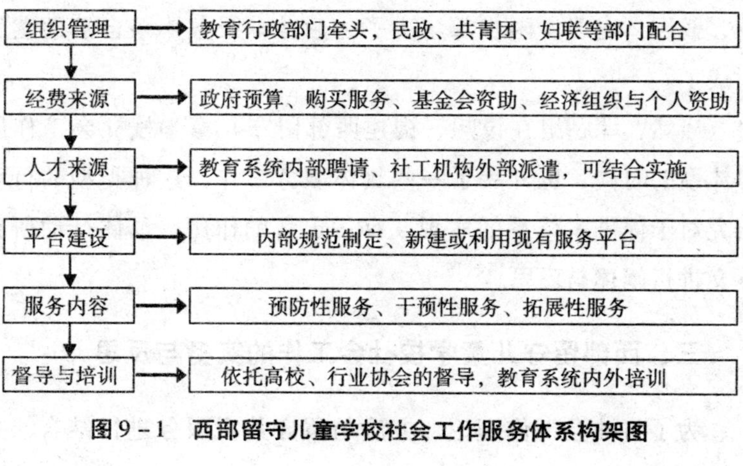

图9－1　西部留守儿童学校社会工作服务体系构架图

需要指出的是，这个体系只是存在于课题组的设想之中，国内现在还很缺乏实施的具体条件，例如：相当多的政府主管部门、领导仍然停留在“快出政绩”的“GDP 思维”之中，尚未意识到为儿童，特别是弱势儿童投入那么多资金、人力和物力对于我国的可持续发展、缩小地区差异是多么重要；现有的西部留守儿童社会工作服务体系虽然不健全，但也有其亮点，而制度本身具有路径依赖的特征，在这种思维下，很多人就懒得尝试服务体系和方法的创新了；我国社工机构虽然在近几年发展较快，但是仍然难以满足需求，况且，本课题探讨的是西部的留守儿童社会工作服务，而西部地区社会工作机构的发展远不如珠三角、长三角和华北地区，能够深入到乡村、落后地区开展留守儿童学校社会工作的就更少，所以专业人才供应不足也是一个极大的限制条件。

但是，课题组相信两点：第一，虽然难以在西部地区推行本服务体系，但是区域性的试点应该是可以做到的；第二，虽然欠缺本服务体系的现实条件，但是其长远的发展方向是明确的，或许，当现实困难都解决了之后，本服务体系自然而然就形成了。

当然，课题组在设想、构建西部留守儿童学校社会工作服务体系的时候，也开展了一些具体服务工作，这种类型的行动研究对于促进本体系的实现，有一定帮助作用，具体行动研究下文进行阐述与反思。

三、西部留守儿童学校社会工作的实务与反思

为了将社会工作理论、方法与留守儿童服务进行结合，并

探讨恰当的留守儿童学校社会工作服务方法，课题组于2012年至2013年，依托自身创办的本土社工机构平台，成功申报了由中央财政资助的留守儿童社会工作服务项目，在四川省YB市留守儿童比较集中的农村中小学校。农村社区开展了一年的留守儿童社会工作专业服务。课题组带领20名社会工作专业大三学生，在6所农村基层小学及其相邻农村社区建设了“留守儿童之家”，以此为依托开展留守儿童学校社会工作、农村社会工作的服务和行动研究，一方面是将理论与实践紧密结合在一起，另一方面是探索适合留守儿童的社会工作服务方法，并形成一定的理论反思，从而固化为服务模式。以下就项目执行过程中属于学校社会工作的服务及反思进行介绍。

（一）留守儿童学校社会工作管理体系的理顺

项目组依托的是自身创办的本土社工机构，而项目的实施地为农村社区及农村小学，作为一个独立的社会组织，从外部资源整合的角度来看，其对学校、农村社区的动员能力是有限的；从内部项目执行过程来看，也应该有一个高效的管理制度。所以，项目组首先考虑的就是构建一个行动有力、上下通畅的管理体系。

1. 项目的外部管理体系

在征得机构主管单位——市民政局的支持后，项目组建了一个包括市民政局、市教育局、团市委、市妇联、市关工委、市综治办以及本机构在内的领导小组，每个部门指定一名副职领导担任项目领导小组成员，由课题组负责人担任领导小组办公室主任，统一协调。之所以这么多部门愿意参与到留守儿童社会工作服务项目之中，其根本原因还在于这些部门的工作职责与留守儿童有一定关联。且对于这些部门而言，不需要动用自身的资源就可以参与到一项由中央财政资助的“民生工程”之中，其产生的服务成效也可以作为本部门年度工作中的一项，何乐而不为？领导小组的主要职责在于确保项目执行点——学校和社区——对项目予以最大的支持和配合，并要求其提供必要的工作场地和设施。

正是有了这样一个外部管理体系，项目组在选定项目执行学校、农村社区等方面，很快就得到了落实。而且，6 个项目执行点均为社工提供了办公设备、活动场所、食宿条件；在项目具体实施的过程中，执行点在自身人员的配合、活动物资的提供等方面，又提供了很多帮助。

在项目执行完成后，项目组反思，如果没有一个行之有效的外部管理体系，而是由社工机构直接派驻社工到学校，那么在沟通、配合等方面，无疑会多耗费很多时间，而且项目执行点的学校，也未必愿意接受我们这批“似乎来历不明的人”。由此可见，在开展留守儿童学校社会工作时，由相关政府部门领导出面担任项目领导小组成员，可以为项目执行过程中的上下沟通、资源协调提供很多便利。

2. 项目的内部管理

为了确保留守儿童社会工作项目的执行质量，项目组制定了健全的内部管理制度，包括财务管理制度、一线社工服务管理制度、社工考核规范、督导制度、紧急情况处理预案、材料撰写规范、材料上报制度、项目宣传制度、项目点负责人职责、社工工作职责等 12 项制度。在派驻社工到学校之前，社工人员集中学习了所有管理制度。在这些内部管理制度的规范下，项目的执行比较顺利。

在执行该次留守儿童社会工作服务项目之前，课题组创办的社工机构也执行过其他一些服务项目，但是没有制定规范的内部管理制度。课题组对比后反思认为，内部管理是学校社会工作服务质量的重要保障，只有制度健全了，社工、督导、管理人员在服务过程中才能做到有据可依。所以，开展留守儿童学校社会工作服务时，应该制定健全的内部管理制度。

（二）留守儿童学校社会工作的经费来源

本项目由中央财政专项资助，是由社工机构申报获批后得到的，总经费 30 万元。该项经费属于政府购买社会组织服务费用，即属于本章第二部分分析的“政府购买服务经费”。项目经费的开支，主要用于为项目点配备图书、学习用品、儿童玩具、体育器材，社工及督导开支、交通费用等。项目一年期服务结束后，中央财政经费不再资助。课题组反思认为，从中央到地方的各级政府部门愿意拿出资金购买社会组织的服务，相比以前是一个很大的进步；但是项目制运作本身也存在一定问题，例如资助通常以一年为单位，一年结束后需要重新申报（不一定能够获得审批），如果没有得到批准，那么项目后续就无法执行。而社工服务项目，特别是驻校开展留守儿童服务项目，有其自身的特点，驻校社工和学校老师、留守儿童有一个较长的熟悉、相互了解的过程，通常的局面是，驻校社工刚刚和留守儿童、老师建立了比较稳固的服务关系，项目差不多就要结束了。所以，课题组认为，各级政府部门购买的社会组织服务项目，资助周期应该适当延长。

（三）留守儿童学校社会工作的人员安排

本项目的人员来自社工机构外派到学校，即属于本章第二部分分析的“外派社工”。外派社工在业务上属于社工机构和所在学校双重管理，社工机构负责对驻校社工进行督导、培训、评估、对外协调，学校对驻校社工进行日常管理。项目执行完毕后，课题组对一线社工进行了调查，反馈的意见大致有：由于项目执行期较短，难以对项目点所在学校形成归属感；项目点均地处农村，日常生活不太适应。基于这些信息，课题组反思认为：将受过大学教育的社工以外派的方式派驻到农村学校开展社工服务，时间难以太长；由于生活条件较差，很多专职社工不愿意被外派。对这个问题，通过提高待遇、轮换等方式或许可以在一定程度上予以解决。而反过来看，如果地方教育主管部门能够主动招聘社工，并安排到农村学校开展学校社会工作服务，由于属于事业编制，且待遇稳固、社会地位较好，对于社工的吸引力更强。

（四）留守儿童学校社会工作的平台建设

本项目依托学校建设的留守儿童服务站，非常关注服务平台的建设。从内容上来看，留守儿童学校社会工作服务平台包括会谈室、活动场地、办公室、活动物资等。从平台建设的渠道来看，活动物资（包括体育器材、活动材料、活动奖品等）

均由社工机构统一采购后配备到各项目点；活动场地和会谈室等方面，多数学校是将已有场地改造使用，例如XH小学就是将一间空置的器材室给了项目组，项目组清洁打扫后贴上墙纸、挂上吊饰，且不断将留守儿童做的各种手工、活动成果贴上墙面予以装饰，将教师的办公室腾出一部分给项目组使用，将空置的心理咨询室作为会谈室。

课题组反思认为，在当前农村生源萎缩的大背景下，在农村开展留守儿童学校社会工作，应着力于利用学校现有场地和设施。很多农村学校配备了心理咨询室、图书室、远程教育室，甚至有些学校专门为留守儿童开辟了亲情连线室，这些现有平台，在开展留守儿童学校社会工作的时候，应予以充分利用。

（五）留守儿童学校社会工作的服务流程与内容

由于是派驻社工到农村小学开展留守儿童社会工作服务，社工之前对学校、留守儿童之间不熟悉。所以，项目组在社会工作通用过程模式的基础上，还开展了一些相关工作，以下予以介绍。

1. 留守儿童学校社会工作的服务流程

本项目开展的留守儿童学校社会工作服务遵循了如下流程：

首先是对社工开展系统培训。在派驻社工之前，对社工以工作坊的方式开展了为期2周的集中培训，培训内容包括四个方面：第一是项目总体情况的介绍。总负责人对项目来源进行系统介绍，让社工能够知晓总体状况的同时，对我国政府购买社会组织服务也有所了解；对项目计划书进行学习，重点是掌握项目目标、执行的量化指标等；对6个项目点进行系统性介绍，让派驻社工有一个前期认识。第二是对项目管理体系进行培训。包括对项目的外部管理模式进行介绍，让社工明确参与项目的相关部门；对项目执行的内部管理文件开展集中学习。第三是对项目业务能力予以培训，包括与留守儿童、教师、管理者沟通交流的方法，留守儿童需求调查与评估的方法，留守儿童个案工作、小组工作、日常活动、评估的实施方法等。第四是对材料撰写与宣传技能的培训。在所有培训完成后，再派遣社工到学校入驻。课题组在项目执行后反思，正是有了充足、有效的前期培训，才使得项目的直接执行者——外派社工——既能够从总体上把握项目执行的各方面要求，又能具备执行项目所需的各项技能，是留守儿童学校社会工作项目得以顺利执行的最重要保障。所以，课题组认为，在开展留守儿童学校社会工作服务时，应该尤其重视驻校社工的培训工作。

其次是对学校的初步了解以及对留守儿童的需求评估。各项目组由督导老师带领，与派驻学校校长联系并送到各个学校。到学校后，社工一方面落实活动场所、物资，一方面与学校管理者、教师搞好交流，并利用留守儿童家访、问卷调查、焦点小组座谈等方法开展需求评估，为后续工作打好基础。

再次是根据需求评估的结果，开展服务方案设计工作。虽然在项目执行之前，项目组已经组织编写了《留守儿童社会工作服务指南》，但是各个项目组应该结合对留守儿童的需求评估，开展更为有针对性的服务。所以，各个项目组制定了自己的系统性工作计划，包括节假日活动策划、小组主题及招募计划、个案甄选及服务计划等。在方案设计过程中，督导参与过程指导，并指出驻校社工忽视的方面，使得方案更为完善。

第四是根据方案的设计，开展具体的服务工作。在方案的执行过程中，各项目组应该再进一步细化为月度计划、周计划，在完善留守儿童服务对象招募方式的同时，统筹安排好主题活动、康乐活动、小组工作、个案工作的分布，并做到每周有简报、每月有总结。

第五是服务质量的评估和总结工作。这里的评估包括两类，第一类是对于具体执行纳入的评估，例如个案结束前，应该有一个个案评估报告；小组工作结束前，应该对小组成员开展调查，并评估小组服务质量；系列主题活动结束前，也应该对服务质量开展评估。第二类是项目的总体自我评估，在为期一年的服务项目结束之前，应该召集项目领导小组、学校管理者、教师、留守儿童代表等，参与评估会议，先对项目服务过程、服务内容、量化指标、是否达成目标等进行介绍，然后听取各方意见，以便再进一步提升服务质量。事实上，这里的评估工作，在项目执行的中期也应该组织。

2. 留守儿童学校社会工作的服务内容

根据各项目点对留守儿童需求的调查和评估，可以将留守儿童自身面临的问题归纳为以下六个方面：面对自然灾害的自我防御能力存在欠缺、家庭教育与亲子沟通能力不足、欠缺同伴交往和同伴识别能力、资源链接能力不足、心理调适能力欠缺、社会适应能力均不足。这些问题可以作为开展留守儿童学校社会工作服务的重点。

根据本章第二部分提出的留守儿童学校社会工作服务内容的三种类型，即预防性服务、干预性服务和拓展性服务，课题组将项目实施过程的主要内容进行介绍：第一，预防性服务。包括对留守儿童开展地震逃生、火灾逃生、防溺水、防侵犯、防拐骗等服务；以组织留守儿童开展舞台剧的方式开展爱国主义教育；以中秋节亲情连线的方式，组织中秋节晚会，深化留守儿童与父母的互相理解，并加强沟通。第二，干预性服务。包括针对留守儿童在同伴交往中语言能力不足、害羞、内向等情况，开展沟通能力提升小组；针对部分留守儿童受不良环境影响，出现逃学在外游荡、上网等现象，组织开展同伴识别小组，培养留守儿童甄别同伴优缺点的能力、抗拒不良诱惑的能力。第三，拓展性服务。包括：结合有些乡镇推动在农村建立“留守儿童代理家长制度”，参与该项制度的讨论，让代理家长对留守儿童的关心落到实处；通过与外界社会组织的联系，为贫困的留守儿童链接资源，并训练其自我寻求帮助的能力等等。

需要说明的是，留守儿童学校社会工作可以开展的服务很多，难以穷尽式列举，在构建了合理、恰当的服务体系后，驻校社工可以评估留守儿童的服务需求，运用社会工作的技巧，开展各式各样的服务。

（六）西部留守儿童学校社会工作的实务案例

在项目执行过程中，课题组开展了形式多样的学校社会工作服务，在这里，课题组用“留守儿童安全教育系列情景剧”作为例子，说明学校社会工作的有效性。

在需求评估中，课题组发现留守儿童安全知识比较欠缺，自我防范能力较弱，而这不属于传统课程范围，课堂上不会讲；课后学校也很少组织这方面的专题教育；留守儿童回家后，由于家庭教育的欠缺，监护人也少有关注。比较一致的地方在于，教师、外出务工的父母、监护人都会告诫留守儿童，要注意安全，不要玩火、玩水，但是这种叮嘱性的教育，其效果往往有限。所以，留守儿童溺水、被性侵的报道不绝于耳。基于此，课题组决定以“留守儿童安全教育系列情景剧”的方式，对留守儿童日常生活中可能面临的安全问题，开展能力提升服务。服务过程如下：

系列情景剧一：火灾逃生

事先邀请两位留守儿童志愿者，告知本次情景剧的主题和角色扮演要求，在布置好的“火灾现场”将要求的扮演过程进行两次排练。然后，邀请留守儿童群体进入活动场地，观看情景剧。

场景一：火灾发生（由社工在事先准备好的火盆里面点燃纸张），一位同学从家中的“二楼”（活动室内的桌子，桌上用纸写上“二楼”字样）跳下，“摔断”（扮演）了腿，抱腿躺在地上做痛苦状。

表演结束后，让其他留守儿童讨论，面对火灾时跳楼逃生的方法是否妥当。

场景二：火灾发生，一位同学冲到卫生间把身上的衣服打湿，然后拧了一条湿毛巾捂住口鼻，压低身子，匍匐下楼逃生。

表演结束后，让其他留守儿童讨论，这种逃生方法是否妥当。

在讨论结束后，让留守儿童再思考一下，然后回答问题：还有没有其他的逃生和求救的方法；在不同情境下（例如火势过大、楼层较高）的逃生方法有无不同；在日常生活中，要注意哪些事项以避免火灾。积极回答问题的同学，给予一朵小红花作为奖励，并贴在墙上自己的照片下面。

在问题回答的过程中，留守儿童对于某些问题可能不知道答案，社工可以将火灾逃生的十大方法（匍匐前进法、绳索自救法等）作为选项，让他们选择，以降低问题的难度。所有问题回答完了之后，社工再告知大家，我这里有科学、完整的火灾逃生手册，大家愿不愿意要啊？然后将事先印刷好的火灾逃生十大方法发放给大家，让大家回去好好学习，而且后面的活动中有可能还会组织这里的有奖问答，进一步巩固大家的学习热情。最后，鼓励有兴趣的同学，自己上来感受一下刚才的情境。

反思：我们的目的是让留守儿童学会火灾逃生，与传统的老师讲解、发放宣传单等方式相比，学校社会工作的方法有这么一些优势：以留守儿童自演自看的方式，能够很好地吸引大家参与；一错一对的应对方法、持续的追问，可以有效刺激大家思考；有奖问答（哪怕奖品是象征性的）能够激发大家的参与热情，活跃气氛；一定程度上的回答受挫、告知后面还可能组织类似的有奖问答，能够激发大家对于科学的火灾逃生知识学习的欲望，这样，社工发下去的安全手册才能被充分利用；让其他儿童上去表演，能够将学到的知识固化为自身的能力。从以上分析来看，采用学校社会工作的方法，是能够有效开展留守儿童服务的。当然，如果能够让留守儿童自己策划、编排类似的情景剧，则可以进一步激发儿童的潜能，获得更大的服务成效。

系列情景剧二：留守女童预防性侵犯

事先邀请四位留守女童志愿者（为避免尴尬，全部由女童来扮演，个子高一些的扮演成人），告知本次情景剧的主题和角色扮演要求，在布置好的“学校”和“家里”，将要求扮演的过程分别排练两次。然后，邀请留守女童进入活动场地，观看情景剧。

场景一：留守女童独自在家做作业，一个“邻居”（也由留守女童扮演，着成人打扮，如果角色身份不突出，可以在衣服上贴上一张纸，上面写着“大人”）进来，关上了房门，说要送东西给她吃，然后欲拥抱、抚摸和亲吻该留守女童，女生害怕、低头哭泣，简单挣脱，挣脱不掉后继续哭泣。

表演结束后，社工引导女童们讨论，接下来可能会发生什么、这名女童的做法对不对。

场景二：一位在教室的留守女生被“老师”（也由留守女童扮演，着教师打扮，如果角色身份不突出，可以在衣服上贴上一张纸，上面写着“老师”）喊到办公室（办公室内没有他人），说是辅导作业。进入房间后，“老师”关上门，将手伸进留守女生的衣服内，女生挣扎，但是“老师”威胁其不准动，否则让她考试不及格。女生不为所动，继续挣扎并大喊。“老师”放开了女生，女生逃脱，跑到人多的地方，并勇敢地告知老师和家长。

表演结束后，社工引导女童们讨论，这名女童的做法对不对。

在讨论结束后，让留守女童再思考一下，然后回答问题：自己身上的哪些部位是异性不能触碰的；日常生活中，自己的着装要注意哪些；是否应避免单独与成年异性呆在一起；万一与成年异性在一个房间内，对方要关门时，应该怎么办；万一碰到被侵犯的时候，该如何应对。积极回答问题的同学，给予一朵小红花作为奖励，并贴在墙上自己的照片下面。

在问题回答完之后，社工要告知留守女童，应特别注意自身安全，尽量不要单独在外，遇到有成年男子（不论是否认识）靠近时都要保持警惕；不要轻易让他人将自己置于封闭的房间内，避免成年异性的拥抱或身体上的近距离接触；身体上有衣服覆盖的地方，不要让他人触碰或是抚摸；在面临诱惑、威胁等情况时，也不能妥协于他人的侵犯；如果受到侵犯，应立即呵斥、大喊求救、挣扎、逃脱，并到大人（父母、监护人、老师）身边，或是到安全的地方公共场所寻求帮助。讲完之后，可以让大家提问，社工与其他女童一起，共同商量应对的办法。

反思：留守女童被性侵的报道随处可见，说明这个问题已经到了比较严重的程度了。但是当前学校教育和家庭教育的应对均不足，性教育、性安全教育严重滞后，甚至很多的留守女童性侵案件本身就是由女童的熟人、老师所犯。为了弥补这些不足，我们在开展留守儿童学校社会工作服务时，以提升留守女童性安全防范能力为目的，以情景剧的方式组织了多次服务。在传统性教育本来就严重欠缺的情况下，这类教育显得尤为重要。当然，为了避免学校老师对情景剧中出现负面形象不满，在开展这种服务之前，要与学校有所沟通。同时，在开展这种主题活动的时候，可以观察女童的面部表情和行为反应，判断是否有过类似经历，这类女童可以作为个案来开展服务。另外，虽然留守男童被侵犯的报道较少，但是，对于这个群体，也应开展适当的性安全教育；同时，也要教育他们不能对女童实施侵犯。

系列情景剧三：留守儿童预防拐骗

事先邀请十位留守儿童志愿者，告知本次情景剧的主题和角色扮演要求，在布置好的“路旁”、“街上”和“校门口”，将要求的扮演过程分别排练两次。然后，邀请留守儿童进入活动场地，观看情景剧。

场景一：一对“夫妇”带着小孩在路旁休息（均由留守儿童自己扮演），一位留守学生从此经过，夫妇向其问路，然后送食品给学生作为感谢。学生不要他们的东西，这对夫妇则说：你不要担心，这些东西是安全的，不信我先给我的小孩吃，在夫妇的软磨硬泡下学生吃下了东西，最后被迷晕拐走了。

表演结束后，社工引导留守儿童们讨论，这位同学的做法对不对。

场景二：两位留守女生打算辍学出去打工，走到了集镇上。两个“人贩子”戴着时髦的大墨镜，衬衣笔挺地登场，好话连篇的跟女孩们套近乎，说可以介绍好工作，住得好、吃得好、工资高。两位留守女生听了后很高兴，就跟他们走了。

表演结束后，社工引导留守儿童们讨论，这两位女生的做法对不对。

场景三：学校门口，一个陌生的“成年人”（由留守儿童自己扮演）拿着一张 100 元的假钞想和一位留守同学换零钱，这位同学很善良，掏了自己的口袋，发现只有60元钱，“成年人”就说，自己有急用，没那么多也愿意换。于是该同学用60元钱换得了100元，结果发现换得的是一张假钞。

表演结束后，社工引导留守儿童们讨论，这位同学的做法对不对。

讨论结束后，社工再提出一些问题，例如，面对陌生人的求助，该如何辨别；面对陌生人给予的食物、水、玩具，自己很需要，是否应该接受；有人问自己要家长的电话号码，是否应该告知；带弟弟妹妹出去玩，发现弟弟妹妹不见了，该怎么办；如果自己被人骗走后，该向谁求助；我们日常生活中，还有哪些被拐骗的风险。每个问题的讨论，都由社工引导留守儿童一起来寻求答案，而不是简单的告知。最后，请大家回去后，向大人、老师收集骗子的伎俩，下次再来集中讨论，也可以几个人自己组织情景剧表演，让所有人受益。

反思：留守儿童被拐骗的案例也是非常常见，加强孩子们防拐、防骗的能力是非常重要的。事实上，课题组调查也发现，在这个方面，老师、家长和监护人往往是一句“不要和陌生人说话”予以应对，留守儿童真正的防拐骗的技能没有提高。课题组开展的本项服务，设置了当前比较常见的“被下迷药拐走”、“以工作为诱惑拐走”、“因自身善良或贪图小便宜被骗”等情境，让留守儿童身处其中来进行体会，并将这些情境扩展到更为广泛的范围，甚至让留守儿童自己去收集骗子的伎俩，表演给大家看。这样，留守儿童不仅学习了当前的常见拐骗技术，更强化了自身应对拐骗的能力。

事实上，课题组一直认为，依托学校开展留守儿童社会工作服务[①]，是非常理想的场所，因为学校用于留守儿童集中、有合适的场地、有学习的氛围等优势。当然，学校也通常有自身的思想政治工作体系，可以为留守儿童提供一些服务。但是，在学校社会工作的方法中，着眼于服务对象的现实需求，依托尊重、平等、同感、不批判等理念，运用个案、小组等方法，相比于传统思想政治教育中的劝告、说服等方法，显得更为有效，也很值得大范围推广。

依托于课题组的调查和留守儿童学校社会工作的实务操作，本章的具体写作思路是：首先回归欧美国家和发达地区学校社会工作的发展历程，并梳理、总结出相应启示；然后归纳我国西部地区学校社会工作的发展状况，以课题组考察的两个典型案例作为分析载体，结合发达国家和地区学校社会工作发展的启示，尝试构建适合我国西部地区留守儿童学校社会工作服务的理想体系；在以上基础上，课题组结合自身实施的留守儿童学校社会工作服务项目，印证了该服务体系的有效性。总体来说，本章的内容主要包括：

第一，通过对英国、美国、加拿大、香港等国家和地区学校社会工作发展历程的梳理，得出了学校社会工作服务总体上是有效的、值得借鉴和推广，学校是为儿童提供社会工作服务的理想场所，严密的组织体系是学校社会工作发展的保障，注

---

① 虽然 6 岁及以下的留守幼童没有纳入到学校社会工作的范围，但有两点需要明确，第一是，留守幼童的监护状况普遍比学龄阶段的要好；第二，对于留守幼童的服务需求而言，开展农村社会工作和社区社会工作可以有效弥补。

重人才培训是学校社会工作发展的关键，自上而下与自下而上的结合才能保障学校社会工作的持续发展等五点启示。

第二，以四川广元的希望社工和甘肃陇南的西部阳光“农村寄宿制学校驻校社工服务项目”为例，说明了我国西部地区开展学校社会工作的现状，重点指出了西部地区学校社会工作发展的不足。以此为标靶，课题组从管理、经费、人才等六个方面构建了西部地区留守儿童学校社会工作的服务体系，该体系包括：由地方政府部门、特别是教育主管部门牵头成立管理机构，发挥政府机构、社会组织和经济组织的共同协力作用以提供资金来源，结合内设社工和外派社工的方式提供人才，利用学校现有的心理咨询室、亲情连线室等平台或新建服务平台，开展预防性服务、干预性服务和拓展性服务，在此过程中，发挥社会工作行业协会、社会组织、就近社工高校的力量，加强对学校社工的督导和培训。

第三，在以上服务体系的框架内，课题组结合 2012—2013 年开展的留守儿童社会工作服务项目，从实务运行的角度，证明了该服务体系的合理性，并举出了具体的实务过程和反思，说明了学校社会工作对于回应留守儿童需求的有效性。

当然，本章构建的西部留守儿童学校社会工作服务体系，是一种理想状态，类似于韦伯所说的“理想型”，当前还欠缺完整应用的很多现实基础，这些问题在文中也予以了讨论。不论如何，课题组相信，在不远的将来，随着经济社会进一步发展，公共服务、公共福利得以提升，本课题提出的西部农村留守儿童学校社会工作服务体系定将实现。

主要参考文献

1. 陈世海、詹海玉：《西部留守儿童社会工作综合服务体系研究》，北京：中央编译出版社，2017 年版。
2. 范兴华：《家庭处境不利对农村留守儿童心理适应的影响》，长沙：湖南师范大学出版社，2012 年版。
3. 李晓凤：《学校社会工作》，北京：中国社会出版社，2010 年版。
4. 李迎生：《社会工作概论》，北京：中国人民大学出版社，2004 年版。
5. 林胜义：《学校社会工作》，台北：巨流图书公司，1998 年版。
6. 陆士祯等：《中国儿童政策概论》，北京：社会科学文献出版社，2005 年版。
7. 潘小娟、卢春龙：《中国农村留守群体生存状况研究》，北京：北京大学出版社，2013 年版。
8. 田国秀：《社会工作实务（中级）》，北京：中国社会出版社，2015 年版。
9. 王思斌：《社会工作导论》（第二版），北京：北京大学出版社，2011 年版。

10. 徐永祥：《社区工作》，北京：高等教育出版社，2004 年版。
11. 叶敬忠、杨照：《关爱留守儿童——行动与对策》，北京：社会科学文献出版社，2008 年版。
12. 张和清：《农村社会工作》，北京：高等教育出版社，2008 年版。
13. 钟涨宝：《农村社会工作》，上海：复旦大学出版社，2011 年版。
14. 周震欧：《儿童福利（修订版）》，台北：巨流图书股份有限公司，2009 年版。
15. 〔美〕法利、威廉姆、史密斯等：《社会工作概论》（第 9 版），隋玉杰等译，北京中国人民大学出版社，2005 年版。
16. 〔美〕拉尔夫·多戈夫、弗兰克·M·洛温伯格、唐纳·哈林顿：《社会工作伦理实务工作指南》（第七版），隋玉杰译，北京：中国人民大学出版社，2005 年版。
17. 〔美〕谢弗：《发展心理学：儿童与青少年》，邹泓译，北京：中国轻工业出版社，2009 年版。
18. 程晋宽：《信息社会英国、美国、加拿大学校社会工作的比较》，载《外国中小学教育》2011 年第 10 期。
19. 崔效辉、郭安：《农村留守儿童现状及引入社会工作方法的必要性——基于两所小学的对比研究》，载《南京人口管理干部学院学报》2011 年第 4 期。
20. 崔效辉、晏凤鸣：《农村留守儿童现状及引入社工服务的必要性——基于苏北农村学龄儿童的对比研究》，载《社会工作》2013 年第 4 期。

21. 崔效辉、晏凤鸣：《论农村留守儿童成长中的社工介入》，载《社会工作》2009 年第 12 期。
22. 丁继红、徐宁吟：《父母外出务工对留守儿童健康与教育的影响》，载《人口研究》2018 年第 1 期。
23. 段成荣、周福林：《我国留守儿童状况研究》，载《人口研究》2005 年第 1 期。
24. 段鑫星、马亚静、刘桂智：《小组工作对农村留守儿童交往不适的介入研究》，载《中国矿业大学学报》2010 年第 2 期。
25. 段玉香：《农村留守儿童社会支持状况及其与应付方式的关系研究》，载《中国健康心理学杂志》2008 年第 4 期。
26. 干伟溢、陈璇：《流动少年儿童的社会支持研究述评》，载《中国青年研究》2012 年第 5 期。
27. 郜凯英：《学校社工介入农村留守儿童问题的必要性与可行性探讨》，载《郑州航空工业管理学院学报（社会科学版）》2012 年第 3 期。
28. 何华兵、万玲：《政府购买社工服务的问题与长效机制构建——基于广州市的调查和访谈》，载《岭南学刊》2014 年第 3 期。
29. 胡心怡、刘霞、申继亮、范兴华：《社会支持、应对方式对湖南省留守儿童幸福感的影响》，载《心理研究》2008 年第 4 期。
30. 李序科：《学校社会工作视阈下的农村留守儿童问题》，载《重庆理工大学学报（社会科学）》2010 年第 5 期。

31. 刘继同：《儿童健康照顾与国家福利责任：重构中国现代儿童福利政策框架》，载《中国青年研究》2006年第12期。
32. 刘继同：《英美社会工作"实务模式"的历史演变轨迹与结构性特征》，载《广东工业大学学报：社会科学版》2012年第12期。
33. 罗国芬：《农村留守儿童的规模问题评述》，载《青年研究》2006年第3期。
34. 罗静、王薇、高文斌：《中国留守儿童研究述评》，载《心理科学进展》2009年第5期。
35. 马润生、尹书强：《论社会工作对农村留守儿童问题的介入契合性困境与途径探索》，载《黑河学刊》2008年第6期。
36. 全国妇联：《全国农村留守儿童状况研究报告》，载《中国妇运》2008年第6期。
37. 全国妇联课题组：《全国农村留守儿童、城乡流动儿童状况研究报告》，载《中国妇运》2013年第6期。
38. 史柏年：《学校社会工作：从项目试点到制度建设——以四川希望学校社会工作实践为例》，载《学海》2012年第1期。
39. 谭深：《中国农村留守儿童研究述评》，载《中国社会科学》2011年第1期。
40. 王章华、戴利朝：《社会工作在农村留守儿童教育问题中的介入模式探索》，载《现代教育管理》2009年第7期。
41. 邬志辉、李静美：《农村留守儿童生存现状调查报告》，载《中国农业大学学报（社会科学版）》2015年第1期。

42. 于克晓、骆文伟：《政府职能转变视野下面向基层就业问题与对策研究——以“三支一扶”计划为例》，载《佳木斯大学社会科学学报》2013 年第 1 期。

43. 张燕婷：《学校社会工作的本土化实践——基于生态系统理论的地方性探索》，载《学海》2015 年第 3 期。

44. 周福林、段成荣：《留守儿童研究综述》，载《人口学刊》2006 年第 3 期。

45. 朱科蓉等：《农村留守儿童学习状况分析与建议》，载《教育科学》2002 年第 4 期。

46. Alderson，J. （1972）. Models of school social work practice. In R. C. Sarri & F. F. Maple（Eds. ）. The school in the community.（pp. 57 – 74）. Washington，D. C. ：NASW.

47. Amuedo D，Catalina and Pozo，S. （2006）International Migration，Remittances and the Education of Children：The Dominican Case ［D］. Working Paper，Department of Economics. pp. 72 – 89. Western Michigan University.

48. Bryant，J. （2005）. Children of international migrants in Indonesia，Thailand and the Philippines：A review of evidence and policies. Innocenti Working Paper.

49. Franklin，C. （2000）. The delivery of school social work services. in Allen-Meares，P.，Washington，R. O.，& Welsh，B. L. （eds. ）. School social services in schools. （pp. 273 – 294）. MA：Allyn & Bacon.

50. Johnson，J. （1991）. The non-fault school：Understanding

groups, understanding schools. in R. T. Conatable, J. P., Flynn, & S. McDonnald (eds.). Social social work: Practice and research perspective. p. 190. Chicago: Lyceum.

51. Laffin, Kathy. Response to Intervention: Components, examples, steps to implementation. Presentation, Wisconsin School Social Workers Association Annual Conference. Green Lake, WI. (October 27, 2006).

52. Lizbeth S. (2010). Developments in school social work from 1950 – 2000: an historical analysis (Master Dissertation, California State University, Fullerton, 2010), pp. 46 – 47.

53. Pottinger, A. M., Stair, A. G., Brown, S. W. (2008). A Counseling Framework for Caribbean Children and Families Who Have Experienced Migratory Separation and Reunion. International Journal for the Advancement of Counseling, Vol. 30 (3), pp. 21 – 27.

54. Raines, J. C. (2008). Evidence-based practice in school mental health. New York: Oxford University Press.

55. Tully, L. (2007). Early intervention strategies for children and young people 8 to 14 years. Research report: NSW Department of Community Services.

后 记

学校社会工作最早可追溯到20世纪初的美国，始于对贫困移民学生的关注。我国大陆的学校社会工作发展较晚，直到2002年之后才开始在上海尝试“一校一社工”制度。时至今日，我国尚未普遍建立“一校一社工”制度，西部地区学校社会工作发展尤为滞后。作为一种新兴的介入农村留守儿童问题的方法，学校社会工作通过运用社会工作的基本理论和原则，借助其个案工作、小组工作、社区工作三大方法，创建自己独到的、特有的介入留守儿童、解决农村留守儿童问题的服务模式，是解决我国农村留守儿童问题必不可少的一种辅助策略，也是我国社会工作发展的大势所趋。

本书的写作，旨在通过留守儿童学校社会工作专业服务的行动研究和实证调查，从留守儿童、外出务工的父母、照料者、同伴、老师、社区等角度探索契合西部农村留守儿童需求的学校社会工作综合服务体系。全书的总体架构可以分为三个部分，第一部分包括第一、二章，主要对留守儿童问题的学理基础、研究设计进行梳理与介绍；第二部分包括第三、四、五、六、七、八章，通过实证调查分析西部农村留守儿童的基本情况和社会认知，并尝试开展最适用于西部中小学校农村留守儿童的生命教育、性教育、非留守期的亲子关系辅导等社工实务研究，并对寄宿留守儿童学校社会工作服务体系建设进行总结与反思；第三部分主要对西部农村留守儿童的学校社会工作服务模式进行梳理与总结，可作为今后开展农村留守儿童学校社会工作的前期基础。

全书在编写过程中，参考和吸收了国内外的最新研究成果，我的学生陈美君、彭代蓉、饶玲、蔡旭、罗雪兵、赵廷和张馨文等同学为书稿的完成做了大量的工作，周雪、文萃、谢丽蓉、张晓天、梁绍张、唐鲜六位同学帮助我校对书稿，使书稿能够及时交付，特此致谢！中国戏剧出版社和北京文人雅士文化传媒有限公司的责任编辑为本书的出版付出了辛勤的劳动，在此一并表示衷心的感谢。

由于我们的能力与精力的局限，书中难免有疏漏或偏差之处，我们热忱欢迎社工同仁和广大读者在阅读本书过程中批评指正，以帮助我们在今后的修订中进一步完善。

张义烈　陈世海

2018 年 7 月 12 日